JN079553

アルヴァ・アアルトのインテリア

建築と調和する家具・プロダクトのデザイン

文・写真 **小泉 隆**

Alvar Aalto Interior
Furniture and Product

text & photography by Takashi Koizumi

学芸出版社

CONTENTS

アアルトのインテリアデザインを支えた思想と背景
― 親しみやすさと革新性の共存 ―

小泉　隆

　「人生は悲劇と喜劇の繰り返しからなる。私たちを取り囲む形態やデザインは、悲劇や喜劇とともにある音楽のようだ。家具、布地、色使い、そして部屋の構造は、そのような人生との対立を生まない、実直で幸せな感覚に満ちたものにすることができる。この点において、それらはきちんとした服装や生活に相当する。」[1]

　フィンランドが生んだ近代建築の巨匠アルヴァ・アアルトは、「建築家」としてだけでなく、インテリア、そして家具、照明、ガラス器、テキスタイルなどの「デザイナー」としても優れた功績を残している。建築の実作が少なかった第二次世界大戦前においては、建築家としてよりも、デザイナーとしての知名度の方が高かったと言われることもある。

　そのデザインは、建築作品に通じるところも多く、ナチュラルで人間味にあふれ、自ずと日常生活に溶け込む「親しみやすさ」が大きな特質として挙げられるだろう。冒頭のアアルトの言葉には、そうした特質を生み出すアアルトのデザインに対する考え方が表れている。

　加えて、アアルトの作品には、そうした「親しみやすさ」とともに「革新性」が共存、さらには調和している点が大きな特徴だと言えるだろう。それゆえ、彼の作品は、時を超えて世界中で広く愛されながら、その後の家具デザインやプロダクトデザインに大きな影響を及ぼすことになったのである。

　以下では、そのような彼のデザインの根幹をなした思想や背景について、キーワードに即して紐解いていこう。

包括的な人間像

　アアルトは、人間のための建築や生活との調和について語る際に、「小さな人間」「人生の悲劇や喜劇」「人間の過ち」「矛盾」といった表現を用いる。そこには、理性的な面だけでなく、弱さ、矛盾や過ちなども含めた多様な側面から人間を包括的に捉える彼の考え方が反映されているように思う。そんな彼が生み出す家具やプロダクトは、上品なエレガントさを湛えながらも心地のよいおおらかさがある。そして、生活感にあふれ、時に雑然としていても受け入れてくれるような大きな包容力が感じられる。こうした佇まいにはアアルトが捉えた包括的な人間像が映し出されているように思われる。

大きな機能主義

　このような人間像をデザインの拠り所に据えたアアルトは、技術および経済の合理性を偏重し、機能性を追求する「狭義の機能主義」に対して、人間の心理や生理にまで踏み込んで「建築を人間的にする」デザイン＝「大きな機能主義」[2] を自身のテーマに掲げた。人間の目にまぶしさを与えないよう光の質を重視した照明のデザイン、あるいは、スチールという素材が持つ不快な冷たさといった性質を排除すべく木材加工技術の開発に注力した姿勢などに、この「大きな機能主義」の思想を垣間見ることができる。

遊び・実験・ユーモア

　また、アアルトは、遊びや実験、ユーモアといった感覚が生活を豊かにするとして、その必要性を説いた。建築作品でそうした感覚が具現化された代表例としては、ムーラッツァロの実験住宅（1953 年）を挙げることができる。一方、家具やプロダクトにおいては、曲げ木の実験や人の顔をモチーフにしたユニークなガラス皿などにその側面が表れている。

日常生活を美しく豊かにするデザイン

　スウェーデンの美術史家であるグレゴール・パウルソンは、1919 年に発表した著書において「日用品をより美しく」というスローガンを打ち立てた。このスローガンは、当時北欧に押し寄せていたモダニズムをそのまま受け入れるのではなく、日常生活を美しくするというコンセプトを持ちつつ近代化を進めるという北欧独特のデザインの基盤となった。色や形などの見た目の美しさだけでなく、日常の生活そのものを美しく、また豊かにしていくデザインの姿勢は、アアルトにも通底している。

自然との関わり

　厳しい自然環境と隣り合わせで暮らす北欧の人々にとって、自然は到底太刀打ちできないものであると同時に大きな恩恵をもたらしてくれるものでもあり、対立・支配するものではなく共存するものとして捉えられている。

　自然に関して、アアルト自身は「人間も含めた自然」という考えを持っていたようだ [3]。「テキスタイルは、人々が室内に欲する自然、樹木、花、草などに代わるものの一つだ」[4] と語るアアルトのテキスタイルには、波や植物、湖などの自然をデザインのモチーフにしたもの

が多い。また、アアルトベースに見られるフリーフォームの曲線は湖や島の形を象ったものだとも言われる。なお、そうした自然を愛でる姿勢については日本文化からの影響があることも彼自身が公言している。彼の自然観に共感していた妻アイノは、日本の桜をモチーフにした「キルシカンクッカ」というテキスタイルもデザインしている。

　また、自然素材の使用にこだわったアアルトは、木を積極的に用いた。なかでも家具に多用したのが、フィンランドの国樹にもなっている白樺であった。白樺は高級感や重厚感のある材料ではないが、フィンランドの豊かな自然を象徴する樹種であり、素朴で親しみのある美しい素地を持つ。

技術革新への志向

　1909 年に林学の教師だった母方の祖父が他界した後、祖父が愛読していた『発明の本・あらゆる分野における産業芸術概論』という書籍が彼の手元に渡ったと言われる。発明の積み重ねが人間の暮らしを改善し、世の中を良くしていくことが記されたこの書に大きな影響を受けたアアルトは、晩年になってからもよくこの本を開いていたそうだ[5]。そのような技術革新に対する思想は、1935 年に設立したアルテック社で掲げられた「テクノロジーはアートによって洗練されたものになり、アートはテクノロジーによって機能的・実用的になる」という理念にもよく表れている。

　アアルトの木製家具は、曲げ木の加工技術の開発なしには語れない。また、アアルトベースの複雑な形状は、彼の発明的なアイデアと職人との協同により実現された。このように技術革新とともに生み出されることの多いアアルトの諸作品では、技術と実用性の追求が美的側面を損なうどころか、美と一体的に編み出された技術に基づいて成立している点は特筆すべきだろう。

相反する要素の共存と調和

　アアルトの多くの作品では、「親しみやすさ」と「革新性」のように、一見相反する対比的な要素がうまく共存・調和されている。「ナショナルとインターナショナルの概念は分離することができない」「これら両者の結合が現代に必要な調和ある結果を生み出すのである」[6]と語ったアアルトは、「ナショナル」と「インターナショナル」の共存と調和を目指した。また、「工業化」と「手工芸」の共存と調和も、彼のデザインにおけるテーマの一つであった。

アルテック社の家具は、工場で機械も活用して合理的に生産されているが、多くの工程は今なお手作業で行われており、大量生産品でありながらも手工芸品の心地よさが感じられる。そして、その表現はインターナショナルな普遍性を持ちつつも、フィンランドらしさを十分に感じさせる。また、テキスタイルに見られる幾何学的なパターンは一つ一つが手書きで描かれており、それが機械で大量生産されている。そうした姿勢は、「技術や機械が本質的な文明と相容れないものだとは思わない。技術に人間性を与える方法が必ずあるはずだ」[7] という彼の言葉にも表れているだろう。

　時に矛盾や対立を孕む多様な条件を同時に解決する形を見出すこと＝建築設計と位置づけたアアルト。人間生活に内包されている単純に二者択一できないような対比的な要素を、作品の中で共存させ調和させるところに、アアルトの大きな特質を見出すことができる。

モダニズムの受容と歴史への眼差し

　アアルト（1898〜1976年）は、近代建築運動を先導したバウハウスのヴァルター・グロピウス（1883〜1969年）、ミース・ファン・デル・ローエ（1886〜1969年）、ル・コルビュジエ（1887〜1965年）らよりも若い世代にあたる。彼らが築き上げたモダニズムの洗礼を受け、その規範をもとに独自の形に昇華させたアアルトは、近代デザインを次のステップへと導いた点で大きな功績を残した。

　一方、モダニズムのデザインが概して過去との断絶の上に築かれたのに対し、アアルトのデザインには、モダニズムを基盤にしながら古代ともリンクするような歴史への眼差しが感じられる。その一端は、L-レッグをはじめとする椅子の脚の一連のシリーズに対して、古代ギリシア・ローマ時代の柱のオーダーに照らし合わせて「柱の妹」という名前を与えたことにも表れている。

プロトタイプの創出

　標準化・規格化が重要課題の一つに掲げられた近代化の初期には、ル・コルビュジエをはじめとして当時の建築家の多くが標準的な住宅のプロトタイプの創出に力を注いだ。アアルトも、少し遅れてではあるが木造住宅のプロトタイプの創出に取り組んだものの、その成果はそれほど芳しくはなかった。一方、家具に関しては数々のプロトタイプとそれをもとにした多様なヴァリエーションを生み出し、世界中に普及させて成功を収めた。

名作として世に知られる家具には、単体で完結したデザインが施されたものが大半を占める。対して、アアルトは、一つの型から多くのヴァリエーションを創出している点で異なり、大きな特徴とも言える。一方、アアルトと互いに影響を及ぼす関係にあったと思われるマルセル・ブロイヤーも同様の制作スタイルをとっており、その点ではアアルトに近い。

家具以外にも、アアルトベースでは、波を思わせるアアルト独自の形状を基本の型として大きさや形を変えて数多くの製品が生み出された。また、照明器具にもいくつかの型が見出せる。こうしたプロトタイプの存在は、アアルトのデザインを捉える上で見逃すことのできない重要な要素だと言えよう。

協同作業

アアルトの家具やプロダクトの諸作品には、協力者との協同作業をもとに生み出されたものも多い。アアルトには協同者を奮起させる独特の才能があり、誰もが喜んで協同し、誇りをもって作業が進められたという。

まずは日常的に数多くの作品を共にデザインし、アアルトの心の支えにもなった二人の妻、アイノとエリッサの貢献は大きいだろう。加えて、家具においては家具職人のオット・コルホネン、照明器具においては照明デザイナーのパーヴォ・テュネルとヴィリヨ・ヒルヴォネンとの協同が挙げられる。また、家具のアルテック社、ガラス器のイッタラ社などのメーカーや製作工場との良好な関係も上質な作品を生み出す上で重要であった。

幸福な社会の実現

近代化の波が世界を席巻した 20 世紀初頭、当時の建築家は、社会に変革をもたらす役割を担う者として新たな社会の形成に向けた創作活動を行い、自身の提案を世に問うた。

そのようななか、幸福な社会の実現への願望が人一倍強かったアアルトは、個人よりも公共の利益を優先していたと言われる[8]。そして、専門家と一般の人々との間に生じている意識の乖離が良質な作品を生み出すことを阻害しているとして、一般の人々を啓蒙していく必要性にも言及している[9]。

1930 年代には、大量生産を視野に入れた低価格で高品質の家具・ガラス器・テキスタイルなどの作品を続々と生み出しつつ展覧会等に出展し、一般の人々の意識向上に向けた活動を積極的に行った。さらには、自身が設立したアルテック社では「家具の販売だけでな

く、 展示会や啓蒙活動によってモダニズム文化を促進すること」が目的の一つに掲げられ、その理念と活動は現在も引き継がれている。

　加えて、アアルトは、フィンランド国内の主要都市の都市計画や公共建築の設計を数多く手がけることを通して、自国に大きく貢献した。また、先述した自国の白樺材の積極的な使用にも、国の産業を下支えしていこうという彼の想いが垣間見える。こうした数々の功績を残したアアルトは、かつてのマルッカ紙幣に肖像が描かれていたほどの国民的英雄であり、今なお国民から慕われ、尊敬を集めている。

　晩年には「世界を救うことはできないが、模範を示すことはできる」[10] という言葉をよく口にしていたと言われるアアルト。そんな彼のデザインには、幸福な社会の実現に向けた願いが込められており、常に人間が中心に据えられていた。建築に関して「真の建築は、その小さな人間が中心に立った所にだけ存在する」[11] という象徴的な言葉を残している一方、インテリアについては次のような言葉を残している。

　「標準化されたオブジェクトは、決して完成された製品ではなく、使用する人の個々の精神が加わってこそ完成されるものである。」[12]

引用・参考文献
1)「より美しい住宅を」(ミュンヘンでの講演、1957 年)、ALVAR AALTO DESIGNER, Timo Keinänen, Pekka Korvenmaa, Kaarina Mikonranta, Ásdis Ólafsdóttir, Alvar Aalto Foundation/Alvar Aalto Museum, 2002, p.13
2)「建築を人間的なものにする」(ザ・テクノロジー・レヴュー誌、1940 年 11 月)、アルヴァー・アールト　エッセイとスケッチ (新装版)、ヨーラン・シルツ (編)、吉崎恵子 (訳)、鹿島出版会、2009、p.91
3) 白い机　若い時―アルヴァ・アアルトの青年時代と芸術思想、ヨーラン・シルツ、田中雅美 (訳)、田中智子 (訳)、鹿島出版会、1989、p.199
4) Alvar Aalto: The Complete Catalogue of Architecture, Design & Art, Göran Schildt, Rizzoli, 1994, p.270
5) 前掲書 3)、p.194
6)「ナショナル―インターナショナル」(アルキテヘティ誌、1967 年)、前掲書 2)、p.204
7) ユヴァスキュラ高校 100 年祭でのスピーチ (1958 年)、白い机　円熟期―アルヴァ・アアルトの栄光と憂うつ、ヨーラン・シルツ、田中雅美 (訳)、田中智子 (訳)、鹿島出版会、1998、p.267
8) 前掲書 3)、p.181
9) 前掲書 3)、p.180
10) 前掲書 7)、p.154
11)「記事に代えて」(アルキテヘティ誌、1958 年)、前掲書 2)、p.196
12)「合理主義と人間」(1935 年)、前掲書 1)、p.29

注
本書に掲載している図版を作成する際に用いた参考文献については、各キャプションに [ ] にて文献番号を記している (各番号は p.205 に掲載している参考文献リストの文献番号に対応)。なお、その他の方法により描いた図版には [O] を付記している。

Total Design

「ランプや椅子は常に環境の一部である。ある公共の建物を設計する仕事をしている際に、それらの付属物が全体の統一をつくり出すために必要であることに気づき、それらもデザインすることにした」*[1]と語るアアルトは、建築を設計する際に、自身がデザインした家具や照明器具、時にはテキスタイルやガラスの器までをコーディネートし、環境をトータルにデザインしている。

　ヨーロッパにおいては、中世のゴシック、ジョン・ラスキンやウイリアム・モリスの思想や実作などでトータルデザインについて語られることが多く、特に北欧は伝統的にトータルデザインの志向が強いと言われる。なかでも、近代以降のフィンランドでは、エリエル・サーリネンが手がけた1900年のパリ万国博覧会のフィンランド館が、建築と家具、調度品などが見事に調和し豊かな効果が生み出された代表作として、そして建築家と室内装飾家を一人で兼任した初期の事例としてしばしば取り上げられ、アアルトも「近代の建築設計の歴史における記念碑」として同作品を讃えている。

　ここでは、アアルトが建築およびインテリアをトータルにデザインした諸作品の中から特に充実した事例や興味深い事例を紹介しよう。

パイミオのサナトリウム

　結核患者のための診療・療養施設であるパイミオのサナトリウム（1928〜33年）は、若きアアルトが設計競技を経て実現させた初期の代表作である。モダニズム建築の新たな旗手として彼の名を世界に轟かせることとなった本作では、建築にとどまらず、家具、照明、さらにはガラスの器までもがトータルにデザインされた。その多くには、技術や経済の合理性を重んじる当時の「機能主義」に対して、アアルトが「大きな機能主義」と呼んだところの、人間の生理や心理にまで踏み込んで機能的に考えられたデザインが施されている。

1. 正面外観
2. 主任医師作業室に置かれた
　　クッションタイプの「44 アームチェア」（1932年）
3. キャンチレバーチェア「42 アームチェア」（1932年）
4. パイミオチェア「41 アームチェア パイミオ」（1932年）
5. エントランス用のスタッカブルスツール（アイノ・アアルト、1932年）
6. 検査用の寝台（1932年）
7. スチールパイプ脚の布張りアームチェアの図面［34］
8. 実験室用のスツール
9. 主任医師作業室用のリヴォルヴィングチェア（回転椅子）
10. ダイニングルーム用のスタッカブルチェア
　　「ロウチェア」（1929 年）

椅子については、自身で開発した曲げ木の技術を活用したパイミオチェア（p.86）やキャンチレバーチェア（p.82）などの重要な作品が同時期に誕生している。また、そうした木製の椅子に行き着くまでに試みられたスチールと木の組み合わせによるハイブリッドタイプの椅子、屋上での外気浴に使用するスチール製のリクライニングチェアなどもデザインされた。

11. リクライニングチェア（アイノ・アアルト、1932 年）　写真
12. 同　図面 [18]
13. 屋上のテラス

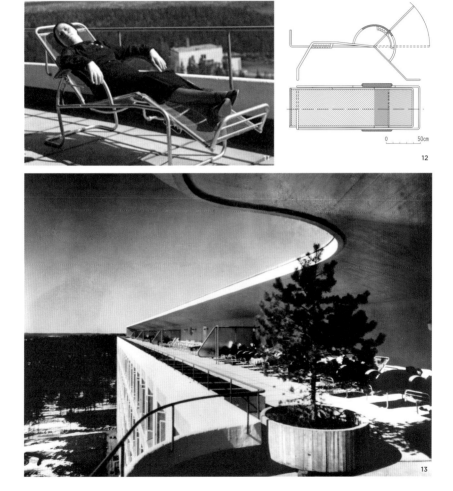

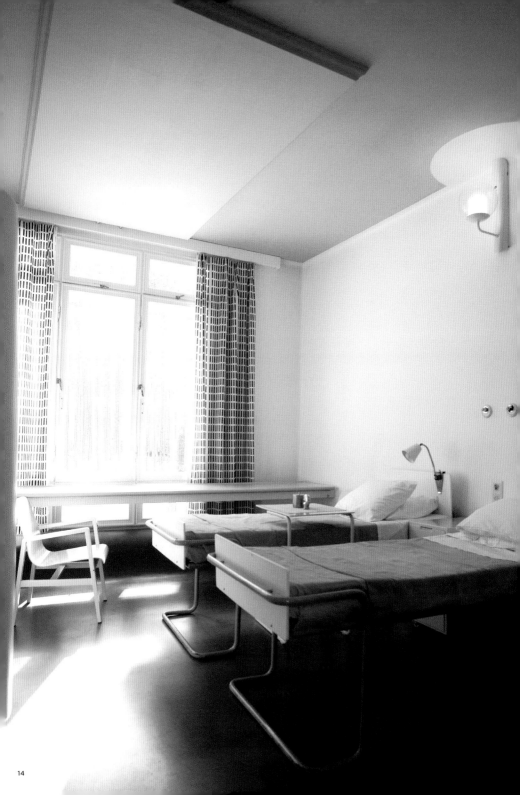

一方、照明に関しては、このサナトリウムのために 10 を超えるオリジナルの照明器具が製作された、なかでも病室の照明器具のデザインに「大きな機能主義」の考え方がよく表れている。ベッド上部のブラケットランプでは、下部にスチール製の皿を設けることで、ベッドで寝ている患者から光源が直接見えないように工夫が施され、光源を半透明の筒状のカバーで包み込むことによりまぶしさが軽減されている。さらに、器具上部の天井に目を向けると、半円形に白く塗装することで光の反射率が高められており、間接照明のように天井面を一体的に扱う照明方法がとられていることがわかる。その他、ベッドのヘッドボードにも取り付けられるデスクランプ、洗面台に設置された円錐形のブラケットランプもデザインされている。

　食堂の照明でも、病室の照明と類似の手法が用いられており、下半分が乳白色の球形のカバーと天井面の反射を組み合わせてまぶしさを抑えた光環境が実現されている。また、エントランスロビーの天井の照明器具は、丸い照明器具がさらに透明なカバーで取り囲まれた奇妙な形状をしているが、上部にある円錐状のリフレクターに光を反射させることで斜め下方に効率よく光を拡散させる仕掛けが施されており、機能性から形が導かれていることがうかがえる。外灯に関しては、シェードに光を反射させるタイプのものがデザインされたが、後にアアルトが多用する手法の一つに数えられる。

　なお、同時期のデザインコンペティションに応募したグラスやタンブラーも、ここで使用されている。

14. 病室
15. 病室のブラケットランプと天井の塗装
16. 病室のテーブルランプ
17. 病室の洗面台のブラケットランプ
18. 病室

19. 食堂
20. 食堂の照明器具
21. 反射板のある外灯　図面 [34]
22. 同　写真
23. 外部のブラケットランプ
24. エントランスロビー
25. エントランスロビーの照明器具
26. 病棟の廊下の照明
27. 読書室の照明
28. 病棟の廊下
29. 読書室

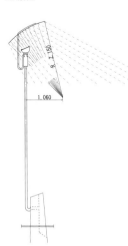

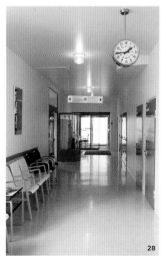

サヴォイ・レストラン

　1937 年、アアルトは、ヘルシンキのメインストリートであるエスプラナーデ通り沿いのビルの最上階に店を構えるサヴォイ・レストランのインテリア設計を手がけた。

　アームチェア、フリーフォームのテーブル、パーティション、天井の照明器具のカバーなどが木製で統一され、全体としてエレガントな雰囲気が生み出されている。壁側の席の頭上に目を向けると、連続する木の斜材が空間を柔らかく包み込んでいるが、線材に蔦が絡まるその姿から「キリンの飼葉桶」と呼ばれているそうだ。

　照明に関しては、アアルトのオリジナリティが発揮された初期の重要作品である「ゴールデンベル」(p.148) が使用されている。また、レストラン直下階のプライベートルームには、複数のゴールデンベルが房状に配された貴重なシャンデリアも設置されている。

　さらに、このレストランでは、その後世界的に有名になるガラスの花器「アアルトベース」(p.164) も使用されており、店名から「サヴォイベース」とも呼ばれている。

　なお、現在は屋根がかけられているテラス席だが、当初は屋根がなく、そこには日本・南ヨーロッパ・スカンジナビアの三つのセクション別に植栽が施されていた。

1. 客席と「A330S ペンダント ゴールデンベル」
2. 竣工当時の客席

3. 客席と「A330S ペンダント ゴールデンベル」　6. フリーフォームのテーブル
4. 客席と天井の照明　　　　　　　　　　　　　7. 竣工当時のテラス
5. 天井の照明　　　　　　　　　　　　　　　　8. ガラス屋根がかけられた現在のテラス

マイレア邸

　世界でも指折りの名作住宅として名高いマイレア邸（1938 〜 39 年）。この住宅のインテリアは、妻のアイノと分担してデザインされている。

　竣工当時の写真を見ると、リビングルームには、パイミオチェアやキャンチレバーチェア、サイドテーブルといったアアルトの諸作品が置かれている様子が見てとれる。またミュージックルームでは、アイノがデザインした窓際のフラワーボックスや藤製の椅子も確認できる。その他、二人はガーデンファニチャーもデザインしている（p.120）。

　照明に関しては、書斎のハット型のペンダントランプ、テーブルランプ、フロアランプに加え、ダイニングルームのペンダントランプなどをアイノが手がけた。一方、書斎に設置されているパンチングメタル製のスポットランプはアアルトがデザインしたもので、後にルイ・カレ邸（1956 〜 59 年）の設計時にデザインされることになる「ビルベリー（こけもも）」と呼ばれる照明器具（p.156）の原型に位置づけられる。

1. 中庭からの外観
2. リビングルームからミュージックルームを望む
3. 玄関からリビングルームを望む
4. 竣工当時のリビングルーム
5. リビングルーム

6. 2階のスタジオ
7. アアルトがデザインした書斎のスポットライト
8. ウインターガーデン
9. アイノがデザインした書斎のペンダントランプ
10. 竣工当時のミュージックルーム

11. アイノがデザインしたダイニングルームのペンダントランプ
12. 書斎
13. 竣工当時の書斎
14. ミュージックルーム

14

国民年金会館本館

　アアルトにとってヘルシンキで最初の公共建築作品となった国民年金会館本館（1948
〜 57 年）。煉瓦タイルで構成される控えめな外観に対して、内部では質の高いトータル
デザインが隅々にまで展開されている。エントランスロビー、食堂、来客用ブース、執務
室、会議室、廊下など、この建物のためにデザインされた照明や家具があらゆる空間に
配され、全体で調和のとれたインテリアデザインが施されている。

1. 正面外観
2. エントランスロビー
3. 食堂
4. 来客用ブース

5-7. 執務室
8-9. 執務フロアの廊下
10. 会議室
11. 図書室

ルイ・カレ邸

　パリから西に約 40km のバゾーシュ・スュール・グィヨンヌに建てられたルイ・カレ邸（1956 〜 59 年）。施主が美術商だったこの住宅では、住居の機能に加えて、芸術作品の展示機能が求められた。内部では、各所に飾られた絵画や彫刻などの芸術作品と、この住宅のために新たにデザインされた家具や照明器具、そして建築とが調和した見事な空間が生み出されている。

　玄関を入り右方向、うねるように連続する曲面天井に導かれつつ階段を降りると、リビングルームに辿り着く。外部の木立へと開かれた窓辺には、アアルトらしい自由な形にデザインされた大きなテーブルとその下に収められるサブテーブル、そして暖炉まわりにはアームチェアやソファなどが置かれ、スポットランプやフロアランプが家具の位置に合わせて配されている。

　他方、各室に見られる作品展示用の照明には趣向が凝らされている。ダイニングルームには、側面に展示作品を照らすための開口部が設けられたゴールデンベルが吊り下げられている。M 字形に飛び出したシェードの形は実にユニークで、上部ハイサイドライトからの自然光との組み合わせで作品を効果的に照らし出す。また、リビングルーム奥の天井にも個性的なデザインが施された照明が設置されている。三方の壁面に向けて突き出た開口部から放たれた光が作品を照らすと同時に下方へ光を落とすデザインには、機能から直接的に形が導き出された痕跡がうかがえる。

　その他にも、書斎、寝室、キッチン、2 階ホールなどの諸室においても、アアルトがこの住宅のためにデザインした家具や照明、織物などが随所に配置され、各空間が演出されている。

1. アプローチからの外観
2. エントランスから階段越しにリビングルームを望む
3. リビングルーム　窓辺

4. 同　暖炉まわり
5. 同　奥方向を望む
6. リビングルームのアームチェアとスポットランプ

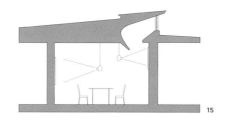

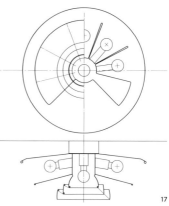

ハーバード大学図書館のポエトリールーム

　アメリカが誇る名門校の一つ、ハーバード大学の図書館には、アアルトがインテリアデザインを手がけた「ポエトリールーム」と呼ばれる一室がある。1946 年から同じケンブリッジ市内にあるマサチューセッツ工科大学で客員教授を務めていたアアルトが、1948 年にハーバード大学から依頼を受け設計したもので、1949 年 2 月にオープンしている。

　ここでは詩を聞きとるためのターンテーブルと八つのイヤホンが装備された八角形のスタンドが特別にデザインされた。天井にはゴールデンベルがスタンド上部をはじめとして随所に配され、下方へと光を放つ。一方、それとは対照的に、壁際には有機的な曲面シェードを有するフロアランプがアームチェアの間に並べられ、上方を照らす。その他、スツールとテーブル、本棚、パーティションも木製でトータルにデザインされ、親密で居心地のよい空間が実現されている。

1. 内観
2. 八角形のスタンド　使用時の様子
3. 同　イラスト
4. 内観

2

3

4

米国国際教育研究所のカウフマン会議室

　フランク・ロイド・ライト設計の落水荘の施主であったエドガー・カウフマンの息子とし
て知られるエドガー・カウフマン・ジュニアは、米国国際教育研究所がニューヨークに本
部ビルを建設する際に会議室のインテリアをアアルトに依頼した（1961 〜 65 年）。

　アアルトは、道路に面して大きなガラス面を持つ側に扇型の大会議室を配置し、その
奥に使い方に応じて大きさをフレキシブルに変えられる小さな会議スペースの集まりを設
けた。奥から道路側に向けて天井髙を上昇させ、円弧を描く大会議室の壁面にはルーバー
状の縦長の材が連続し、その途中には曲木による木製のレリーフが林立する。初期案で
はすべての壁面を木で覆い、巨大な森の彫刻をつくる予定だったが、最終的には規模が
縮小されることとなった。

　この木製レリーフについては、エッセンのオペラハウス（設計競技 1959 年、設計 1961
〜 64 年、竣工 1988 年）において集成材で製作されることが計画されていたものの、防
火上の理由からアルミの角パイプへと変更を余儀なくされたという経緯がある。この会議
室では集成材で実現され、空間を特徴づける大きな要素となっている。加えて、ルーバー
状のシリンダーを組み合わせた照明器具、優美にデザインされたアームチェアが、空間
に気品と優雅さを付与している。

2

1. 廊下側入口から室内を望む
2. 大会議室壁面の木製レリーフ
3. エッセンのオペラハウスのアルミのレリーフ（施工中の素地の状態、1987 年）
4. 平面図 [38]

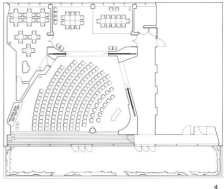

4

Exhibition and Promotion

アアルトがデザインした家具や照明器具をはじめとして、ガラス器、テキスタイルなどのプロダクトは、第二次世界大戦前に欧米に普及し、名声を獲得している。ここではそこに至るまでの主な経緯について記したい。

　1920 年代に急速に広まったモダニズムの波はフィンランドにも到達し、その洗礼を受けたアアルトの作風にも変化が表れる。そして、同時期には、妻のアイノともに、大量生産を視野に入れた家具・ガラス器・テキスタイルなどのデザインにも着手し、数多くの作品を生み出しつつ、市民生活の向上に向けた新たなライフスタイルの提案、ひいてはそれを可能にする自身のデザインの普及に努めた。

　フィンランド国内では、近代の新たな潮流を公に伝える場としてハウジングフェアやインテリアデザイン展などが開かれ、アアルトも積極的に参加し、時に主導した。また、フィンランド国外でもアアルトの展覧会が開催され、好評を博したことも後押しとなり、1935 年にはアルテック社を設立する。加えて、パリ（1937 年）およびニューヨーク（1939 年）の万国博覧会においてフィンランド館の設計を担当し、建築家そして優れたプロダクトデザイナーとして、その名を世界に急速に広めていくこととなる。

最小限住宅展

　「私たちは贅沢な家具をつくることには興味がない。それは簡単なことだし、そこには何にも課題はないから」*2 と語るアアルトにとって、1930 年 11 月末にヘルシンキで開かれた「最小限住宅展」（フィンランド工芸デザイン協会主催、アアルトも委員として参加）は、自身のデザインを発信していく上で重要な出来事だった。展示会の企画は、前年の 1929 年に「最小限住宅」を議題として開催された CIAM（近代建築国際会議）の第 2 回大会（フランクフルト）から借用したものだったが、そこに出品された作品はヨーロッパの最新の動向を基盤にしながらもアアルトの独自性が十分に発揮されたものとして評価は高かった。

　具体的には、キッチンと居間と二つの寝室を収めた住戸ユニットが企画され、狭小な住居における新たな家具のあり方が提案されている。黒く彩色されたアールヌーヴォー調の樺材による木製のダイニングチェア、後に重要なパートナーとなるオット・コルホネンとの最初の協働で生み出された木製のスタッカブルチェア（p.66）、「世界初の柔らかい木

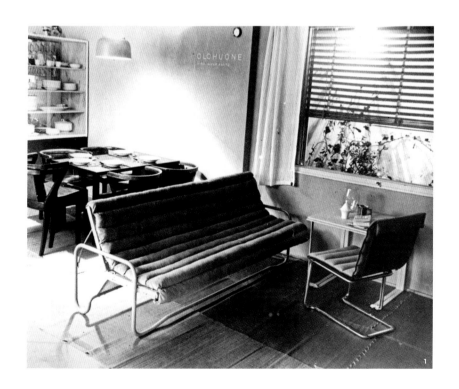

製椅子」と呼んだハイブリッドチェア（p.72）、スチールパイプとクッション材によるソファ・ベッドなど、積み重ねが可能なもの、持ち運びしやすいもの、可変するものといった狭い室内でも使い勝手のよい近代的な家具が出品された。

　なお、同展示会では、アアルトの展示に隣接する形で、エリック・ブリュッグマン設計の大きな居間、パウリ＆マルタ・プロムステッド設計のホテルの一室も展示されていた。

1. 展示会場　写真
2. 同　平面図 [18]
3. スチールパイプとクッション材によるソファ・ベッドの図面 (1930 年) [17]
4. アールヌーヴォー調の木製ダイニングチェア (1929 年)

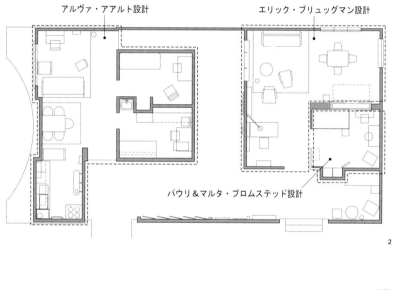

アルヴァ・アアルト設計

エリック・ブリュッグマン設計

パウリ＆マルタ・プロムステッド設計

2

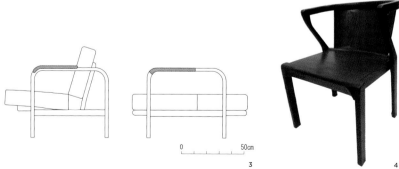

0　　　　50cm

3　　　　　　　　4

ヨーロッパでの展覧会と評価の高まり

　1933年に完成したパイミオのサナトリウム (p.12) では、建築のみならず、家具や照明などすべてがトータルにデザインされた。木製の椅子の可能性を大きく広げることとなったパイミオチェア (p.86)、キャンチレバーチェア (p.82) などの重要な作品がここで誕生し、使用された。また、後にヴィープリの図書館で大量に採用され有名になったもう一つの名作「スツール60」(p.98) も1933年にデザインされている。

　これらが国外で披露され、大きな関心を集めるきっかけとなった展覧会が、1933年のミラノ・トリエンナーレであった。その影響もあり、同年の秋にはロンドンの百貨店で開催された「フィンランド家具展」に出展。デザイナーとしてのアアルトの知名度を確立し、家具販売の基盤を築く上で大きく貢献した展覧会として位置づけられている。なお、この展覧会のタイトルは「ウッド・オンリー」であった。

　建築雑誌の編集者で建築家でもあったヒューバート・ドゥ・クローニン・ヘイスティングズは、その展覧会について次のような言葉を残している。「私は優れた建築家たちが設計した近代家具も数多く見てきましたが、それらには必ず同じ欠点がありました。高すぎるのです。そして、贅沢で洗練された、しかし無用な品々をまた見ることになるだろうと思いながらフォートナム・アンド・メイソンが催したアアルト展（フィンランド家具展）に行ったのです。ところが、何ということでしょう。そこには、まさに真に夢見た家具が並んでいたのです。木が新規あるいは従来の手法できわめて適切かつ経済的に使われており、これらの木と並べてみるとクロム合金やスチールの家具は単に古臭くお笑い種でした」*3。

　こうした海外での評価の高まりとともに、国外からの家具の需要は急増する。加えて、まだ低調だったフィンランド本国での国内需要を開拓することも狙いとして、アアルトらはアルテック社の設立へ動き出すこととなる。

1. ミラノ・トリエンナーレでの展示 (1933年)
2. フィンランド家具展での展示 (1933年)

アルテック社の設立

　1935 年、「テクノロジーはアートに出会うことで洗練されたものになり、アートはテクノロジーの力によって機能的・実用的になる」という理念のもと、1935 年、アルヴァ・アアルトと妻のアイノ・アアルト、後にマイレア邸の施主となる美術収集家のマイレ・グリクセン、美術史家であったニルス＝グスタフ・ハールの 4 人によって、アルテック社が設立された。「アルテック」とは、「アート（芸術）」と「テクノロジー（高い技術）」の融合を意味するアアルトらによる造語である。

　アルテック社では、アアルトの家具を販売することに加えて、当初から「家具の販売だけでなく、展示会や啓蒙活動によってモダニズム文化を促進すること」が目的として掲げられ、そのコンセプトは設立時のマニフェストに見ることができる。設立メンバー間ではそれぞれに役割があり、アイノが初代アートディレクターとしてショップのインテリアデザインと家具デザインを（ハールの死後、1941 年に社長に就任）、グリクセンがギャラリーの運営と宣伝広告を、ハールが初代社長としてマネージメントを担当した。

　こうして活動を開始したアルテック社は、店舗やギャラリーの運営を通してフィンランドの人々にモダニズムの思想を広め、家具の販売事業も順調に育っていった。ギャラリーに関しては、1937 年 5 月のフランス芸術展を皮切りに、家具やガラスや織物などの展覧

1. 設立当時のアルテック社のショールーム（1936 年頃）

2. アイノがデザインした子供部屋の家具
　（フィンランド工芸デザイン展示会、1929 年）
3-4. アルテック社設立時のマニフェスト

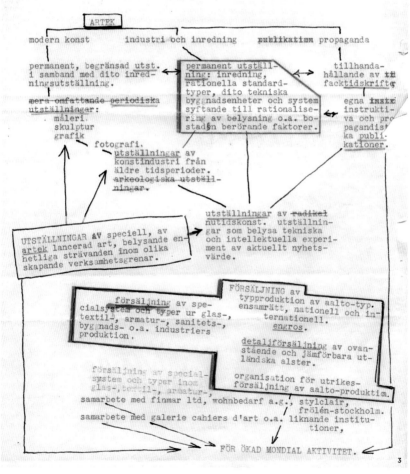

ARTEK

modern konst　　　industri och inredning　　publikation propaganda

permanent, begränsad utst.
i samband med dito inred-
ningsutställning.

mera omfattande periodiska
utställningar:
　　　måleri.
　　　skulptur
　　　grafik
　　　fotografi.
utställningar av
konstindustri från
äldre tidsperioder.
arkeologiska utställ-
ningar.

permanent utställ-
ning: inredning,
rationella standard-
typer, dito tekniska
byggnadsenheter och system
syftande till rationalise-
ring av belysning o.a. bo-
staden berörande faktorer.

tillhanda-
hållande av tn
facktidskrifter

egna instr
instrukti-
va och pro
pagandist
ka publi-
kationer.

UTSTÄLLNINGAR AV speciell, av
artek lancerad art, belysande en-
hetliga strävanden inom olika
skapande verksamhetsgrenar.

utställningar av radikal
nutidskonst. utställnin-
gar som belysa tekniska
och intellektuella experi-
ment av aktuellt nyhets-
värde.

FÖRSÄLJNING av
typproduktion av aalto-typ.
ensamrätt, nationell och in-
ternationell.
engros.

försäljning av spe-
cialsystem och typer ur glas-,
textil-, armatur-, sanitets-,
byggnads- o.a. industriers
produktion.

detaljförsäljning av ovan-
stående och jämförbara ut-
ländska alster.

försäljning av special-
system och typer inom
glas-, textil-, armatur-,

organisation för utrikes-
försäljning av aalto-produktion.

samarbete med finmar ltd, wohnbedarf a.g., stylclair,
frölén-stockholm.
samarbete med galerie cahiers d'art o.a. liknande institu-
tioner,

FÖR ÖKAD MONDIAL AKTIVITET.

会のほか、ピカソ展（1948 年）、ル・コルビュジエ展（1953 年）など当時注目を集めていた芸術家の展覧会も催され、1990 年代までオープンされていた。

　アルテック社は、家具や照明はもちろんのこと、ドアの取っ手、カトラリーから収納計画、植栽計画に至るまで幅広い生活用品の提案を展開しているが、アイノもアートディレクターとしてそれらのデザインに積極的に携わっている。また、教育に熱心だったアイノは、子供部屋や子供用の家具の提案にも力を入れていた。

　一方、アアルトが設計した建築作品においても、アイノがインテリアを担当したものは数多く、二人の良好な関係から豊かなトータルデザインが実現されている。

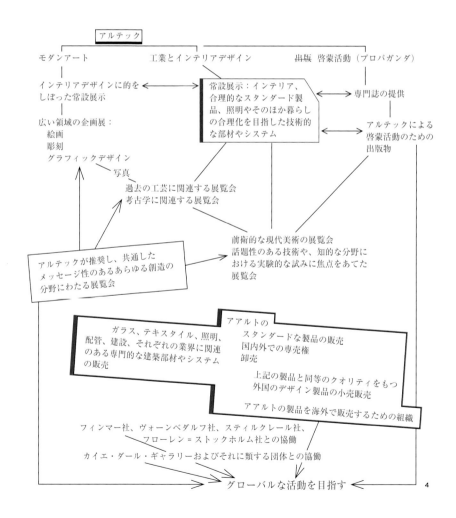

パリ万国博覧会のフィンランド館

　1937 年に開催されたパリ万国博覧会のフィンランド館は、設計競技を経て実現された作品である。木々が生い茂る公園内の敷地で樹木を一本も切り落としてはならないという条件のもと、アアルトは自身の案に「森は動いている」という題名をつけ、森林がフィンランドの産業の基本要素であることを提示した。具体的には、垂直方向が強調されたリブ状の外壁、藤紐で束ねられた支柱など、様々なアイデアをもとに木材が取り扱われている。一方、パビリオンの中心であった展示空間の上部には、ヴィープリの図書館と同様の円筒形のスカイライトが配された。

　この万国博覧会では、スツール 60 (p.98)、キャンチレバーチェア (p.82)、パイミオチェア (p.86) などの椅子に加え、ティーワゴンのティートローリー (p.132) が初めて披露された。照明に関しては、サヴォイ・レストランで用いられたゴールデンベル (p.18) も出展されている。また、この博覧会で世界的な名声を得ることとなった「アアルトベース」(p.164) は、本博覧会のために実施されたコンペティションで誕生したものである。

1. 断面図 [08]
2. 正面外観
3. 束ねられた木製柱
4. 照明器具の展示
5. 家具等の展示
6. 中心部の展示空間

ニューヨーク万国博覧会のフィンランド館

1939 年に手がけたニューヨーク万国博覧会フィンランド館では、館内を包み込む「うねる壁面」で世界を驚嘆させた。会場を訪れたフランク・ロイド・ライトが「天才だ」と一言発して去っていったという逸話も残っている。

アアルト自身は、この作品を「オーロラの壁を持つ建築」「内部にファサードを持つ建築」と呼んでいたという。高さ約 16m、3 層で構成される壁面には、最上層より「国土」「国民」「労働」のテーマが設定され、各層ごとに関連する写真が展示された。そして、その壁面の下には、フィンランドの工芸品などとともに、アアルトがデザインした家具や照明、ガラス器などが出展された。

なお、前年の 1938 年にはニューヨーク近代美術館で「アアルトの建築と家具展」が開催されており、この展覧会と万国博覧会がアメリカでアアルトの名を広める大きな契機となった。

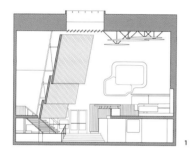

1. 断面図 [O7]
2. 家具等の展示
3. ガラス器等の展示
4. 内観

フィンランド・ハウジングフェア

　1939 年にヘルシンキで開催された住宅博覧会「フィンランド・ハウジングフェア」（フィンランド工芸デザイン協会主催）では、アアルトがデザインした家具やインテリア製品とともに、アルテック社として二つのインテリアモデルが出展された。

　一つは、スニラ製紙工場における労働者住宅のインテリアモデルである。ここでは、二人用の寝室とキッチンからなるモデル住宅の核にリビングとダイニングが一体となったエリアが設けられ、アアルトがデザインしたスタンダードな家具が配された。

　もう一つは、ヘルシンキのピルッコラ地区に設計した木造の規格化住宅のためのインテリアモデル。このモデルでは、居間をダイニングエリアとラウンジ兼ワークスペースに区切るためにソファが使用された。また、コーナー部の窓際には木製のカウンターが設けられ、鉢植えの花と格子柄のカーテンによって効果的に窓辺が演出されている。

　アイノは、ここでの展示に関して次のように語っている。「この展示では単に労働者用のインテリアモデルを提示しただけでなく、あらゆる住宅にも適用可能な、これまでとは違うインテリアデザインの考え方を示しました。高価な家具を購入しなくても、今ある廉価な家具で、花やカーペット、テキスタイルや色彩の助けを借りることによって、より実用的で快適な住宅をつくることができるのです」[*4]。

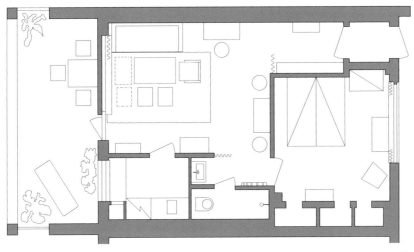

1

1. スニラ製紙工場における労働者住宅のインテリアモデル　図面 [26]
2. 同　写真
3. ヘルシンキ・ピルッコラ地区の木造規格化住宅のためのインテリアモデル

Chair

木製椅子の可能性を大きく切り開いたパイミオチェア、キャンチレバーチェア、スツール 60 をはじめとして、アアルトの椅子には革新性を持ちながらも親しみやすさが同居している点に特徴がある。人間味にあふれナチュラルで、手づくり感があり、生活に溶け込みやすい椅子として世界中で愛され、使用されている。

　しかしながら、それらマスターピースとも言うべきアアルトの椅子は、一朝一夕に生まれたわけではない。設計活動を開始した当初には当時主流であった古典主義様式を踏襲した家具を製作していたが、1928 年頃に迎える機能主義的な方向性への転身とともに、生産性のある近代的なシリーズ家具のデザインに注力していくこととなる。そして、試行錯誤を繰り返しながら、パイミオのサナトリウムが完成する 1933 年までの間に重要な諸作品が生み出され、その後はそれらのヴァリエーションが製作される形で展開されていく。

　デザインの過程においては、次の二つのコンセプトが重要な役割を果たしている。一つは木への徹底した執着と加工技術の開発、もう一つは様々なヴァリエーションを生み出す核となるプロトタイプの創出である。

古典主義期の椅子

　アアルトは、機能主義へと傾倒していく以前、ヘルシンキ工科大学で建築を学び、ユヴァスキュラに事務所を構えていた時期にあたる 1919 年から 1926 年までの間に、北欧諸国で当時主流だった古典主義様式に基づいて椅子をデザインしている。

　過去の様式の引用や応用をベースにする古典主義の手法にならい、当時アアルトがデザインした椅子にも様々な様式が参照されており、ギリシアの様式からシェーカーチェアやウインザーチェアなど近世の様式、ロココ様式、帝国様式、チッペンデール様式など多種多様な要素が組み合わされている。しかしながら、コンテストで受賞しているものもあるものの、いわゆるアアルトらしさは見出せない。

アアルト自身、当時の状況について「古いスタイルの時代の心地よさと芸術的にバランスのとれた美的概念への欲求を目覚めさせた点ではある程度有益だったが、このスタイルに関してさらなる発展はなかった」[*5]と振り返っており、当時主流とされていた様式をまとっていただけにすぎず、それ以上のものではなかったことがうかがえる。

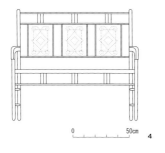

1. 19世紀にアメリカで製作されたウインザー様式の椅子（左）と
　それをベースにアアルトがデザインした椅子の図面（右、1920年代）[17]
2. 20世紀初頭の一般的な輸入品だったラトビア風の椅子（左）と
　それをベースにアアルトがデザインした椅子の図面（右、1920年代）[17]
3. 19世紀に製作されたギリシア様式の椅子（左）と
　それをベースにアアルトがデザインした椅子の図面（右、1920年代）[17]
4. ユーゲント・シュティール風のソファをベースにアアルトがデザインした
　椅子の図面 [17]
5. 17世紀にアメリカで製作されたルネッサンス風の椅子をベースに
　アアルトがデザインした椅子の図面（1920年代）[17]
6. 20世紀初頭の一般的な輸入品をベースにアアルトがデザインした
　椅子の図面（1920年代）[17]
7. 1760年代のチッペンデール様式の椅子をベースにアアルトがデザインした
　椅子の図面（1920年代）[17]
8. 1920年代のチッペンデール様式のソファをベースにアアルトがデザインした
　ロールオーバーアームの長椅子の図面（1920年代）[17]

0　　　　50cm　**4**

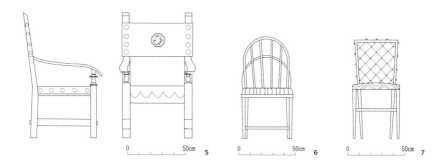

0　　50cm **5**　　0　　50cm **6**　　0　　50cm **7**

0　　　　50cm
8

デザインの近代化の兆し

　1927年、南西フィンランド農業共同組合ビルの設計競技で勝利を収めたアアルトは、それを機にトゥルクに事務所を移す。このビルは、アアルトの作風が古典主義様式から機能主義様式へと移行していく転換点に当たる作品であり、装飾が剥ぎ取られ、均整のとれた機能主義建築の様相が現れつつあることが確認できる。

　そうした変化の兆しは椅子のデザインにも見られ、その一例としてはムーラメの教会（1926～29年）における聖具室の椅子および南西フィンランド農業共同組合ビル（1927～28年）内のレストランの椅子の二つを挙げることができる。

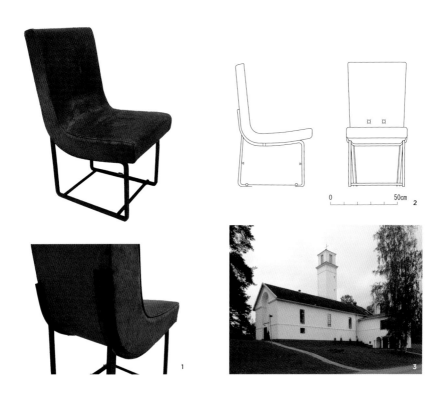

0　　　　　50cm

イタリアのルネッサンスを思わせる古典主義様式の建築であるムーラメの教会では、予算の都合上、インテリアに関してはシンプルかつ実用的なものが求められた。モダニズムの精神にも合致するその要望は、アアルトの家具デザインにおける近代化への移行を後押しすることとなった。聖具室の椅子では、座面と背面が一体化したクッション材にスチール製の脚のフレームが取り付けられ、その無駄のない構成には近代化に向けた変化の兆候が感じられる。

　他方、南西フィンランド農業共同組合ビル内のレストランの椅子に関しては、19世紀の帝国主義時代のギリシア風の椅子を参考にデザインされたが、最終的には装飾が省かれ、よりシンプルな形にまとめられている。

1. ムーラメの教会の聖具室の椅子（1928年）　写真
2. 同　図面 [17]
3. ムーラメの教会（1926-28年）
4. 南西フィンランド農業共同組合ビル内のレストランの椅子（1928年）　写真
5. 同　図面 [17]
6. 南西フィンランド農業共同組合ビル（1927-28年）
7. 南西フィンランド農業共同組合ビル内のレストランの椅子のスケッチ

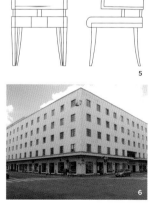

オット・コルホネンとの出会いとスタッカブルチェアの誕生

　先の南西フィンランド農業共同組合ビルにおいて、アアルトは、劇場の観客席、銀行の事務机、テーブル、ソファなどのデザインも手がけている。その製作業者の選定において、家具製作面で重要なパートナーとなるオット・コルホネン（1884 〜 1935 年）との運命的な出会いを果たす。

　トゥルクの家具メーカー、ファルネカルヤ・ラケヌスティオ社の設立メンバーかつディレクターだったコルホネンは、工業化と大量生産の波が押し寄せるなか、高品質を維持しつつ手仕事という古いあり方は捨て去るべきだという考えを持っていた。その考え方に共感したアアルトはコルホネンに惹かれ、二人の共同作業が始まることになる。

　当時、コルホネンは、技術面でいくつかのアイデアを温めていた。その一つが脚を座部の端に取り付けることで椅子の積み重ねを可能にするスタッカブルチェアのアイデアであった。技術革新に興味を持ち、安くて軽く、狭小のスペースでも使いやすい家具の製作を目論んでいたアアルトにとって、スタッカブルは魅力的なテーマであり、その考え方にすぐに賛同した。その後のアアルトの椅子にはスツール 60（p.98）をはじめとしてスタッカブルなものが多数見られ、ガラス器にも積み重ねることを前提とした作品が多い。

1. ロウチェア（1929 年）　写真
2. 同　図面 [17]
3. 611 チェア（1929 年）
4. オット・コルホネン
5. 積み重ねられた「ロウチェア」

アアルトはコルホネンとともに原案の改良を進め、1929 年に初の共同作品となる木製のスタッカブルチェアが誕生する。コルホネンはこのアイデアの特許をフィンランドで取得し、アアルトをデザイナーとして販売を開始し、1929 年のトゥルク 700 年祭の展示会にも出品された。また、1929 年に竣工したユヴァスキュラ自衛団の集会ホールにも納品されている。なお、この椅子は、後にアルテックより販売された「611 チェア」の原型となったモデルであり、「ロウチェア」とも呼ばれている。

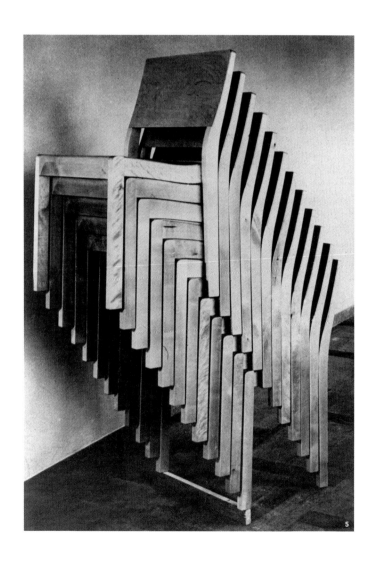

木材加工技術開発の出発点となったスチールパイプ製の椅子

　1920 年代、マルセル・ブロイヤーやミース・ファン・デル・ローエらによるスチールパイプ製の椅子が世界的に人気を博していた。アアルト自身も、1928 年 12 月にブロイヤーのワシリーチェア、キャンチレバーチェア、小テーブルを自宅に取り寄せたという記録が残っている。アアルトは、それらを「ブロイヤーの家具」とは呼ばずに「標準家具」と呼んでいたと言われるが、実生活で使用しながら研究を進めていたと思われる。

　そうしたスチールパイプ製の椅子について、アアルトはその技術や生産性の高さと革新性を認めながらも、スチールパイプの冷たい感触、音の反射、まぶしさといった性質が椅子の素材としては相応しくないとして、次のように語っている。「鉄パイプの椅子は技術上、構造上確かに合理的である。それは軽く、大量生産に向いている。しかし、鉄やクロムは人間面から考えると十分ではない。鋼鉄は熱伝導率が高すぎるし、クロム面は

光を強く反射しすぎる。また音響的にも室内に適していない。この家具様式の発展に影響を及ぼした合理的手法は間違ってはいない。しかし良い結果が得られるのは、人間の使用に適した材料を選択して合理化を行うときのみである」*6。

　人間に適した材質として木を用いることの必要性を認識し、その一方でスチールパイプによる弾力性の高いキャンチレバーの構造形式に大きな可能性を感じたアアルトは、それをいかにして木で実現するかをテーマに掲げ、コルホネンとともに加工技術の開発に力を注いでいくこととなる。

1. 南西フィンランド農業共同組合ビル内にあった自宅に置かれたマルセル・ブロイヤーのワシリーチェアとテーブル
2. ワシリーチェア「クラブチェアB3」(1925年)　写真
3. 同　図面 [43]
4. キャンチレバーチェア「サイドチェアB32」(マルセル・ブロイヤー、1928年)　写真
5. 同　図面 [43]

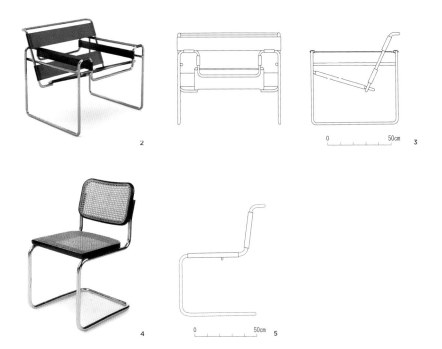

フォーク・センナ

　大量生産可能な木製椅子の実現に向け、まずは成形合板によって座板と背板を一体化することが試みられた。そのきっかけとなった作品が、スウェーデンの建築家エリック・グンナール・アスプルンドが 1925 年にパリで開かれた装飾美術展に出展した肘掛け付きの椅子「センナ」である。

　アスプルンドのセンナは、上質の木を伝統的な工法で組み上げた高価な家具であった。緩やかなカーブを描く座面と背面はクッションでつくられているが、アアルトはそれを成形合板に置き換えることを着想する。コルホネンとの共同作業の末に生み出されたこの椅子を、アアルトは「フォーク・センナ（庶民のセンナ）」と名づけた。

1. トゥルク工業博覧会に展示された「フォーク・センナ」
2. エリック・グンナール・アスプルンドの「センナ」(1925 年)
3. フォーク・センナ (1929 年)
4. トゥルクの自邸に置かれた「フォーク・センナ」
5. フォーク・センナ　クッションのタイプ (1929 年)　写真
6. 同　図面 [17]
7. フォーク・センナ　クッション＋スチール脚のタイプ (1929 年)　写真
8. 同　図面 [17]

1

このフォーク・センナは、成形合板で二次元曲面を形づくることに成功した最初の椅子となったが、二つの欠点があり、すぐに改良が加えられている。一つは背面が合板のために硬く、加えて体が滑りやすく座り心地が悪かったことである。これに対しては、背面の後ろと座面の下部にボタンで固定できる布を張ることで解決された。もう一つは、成型合板で一体化した背部と座部が工業生産可能になったのに対し、座部に接合すべき脚に関しては家具職人による手作業が必要であったためにコストがかかることだった。これについては、スチールパイプの脚に替えることで対処されている。アスプルンドによる原型の雰囲気を残しながらもアアルトの独自性が加味され、近代的な椅子として見事に生まれ変わらせた作品だと言えよう。

世界初の柔らかい木製椅子

　先のフォーク・センナの改良の過程において、スチール製の脚と成形合板による座板・背板でハイブリッドに構成する手法を編み出したアアルトは、弾力性のある椅子として注目していたブロイヤーのキャンチレバーチェア（p.68）にそれを適用し、新たなハイブリッドチェアを完成させる。「世界初の柔らかい木製椅子」とアアルトが呼んでいたこの椅子は、1930年の最小限住宅展に出品され、好評を得た。

　なお、1930年竣工のトゥルン・サノマット新聞社ビルの応接室のドローイングには、同様の混合形式による椅子とベンチが描かれている。また、1929年のスケッチには、成形合板による座板・背板、スチール脚との混合形式に加え、椅子を積み重ねた状態や搬送時の梱包方法などを検討している痕跡も確認できる。

1. 23 ハイブリッドチェア (1929-30 年) 写真
2. 同　図面 [17]
3. 同　積み重ねた状態
4. ハイブリッドのチャイルドチェア (1931-32 年)
5. トゥルン・サノマット新聞社ビル応接室のドローイングに見られるハイブリッドの椅子とベンチ (1928-29 年)
6. 椅子のスケッチ (1929 年)

トーネット社のコンペティション

　トーネット社は、家具デザイナーであったミヒャエル・トーネットによって 1819 年に前身が設立されたドイツの家具メーカーである。曲げ木の技術を開発したことで知られ、家具自体だけでなく、工場の立地、材料の調達や製品搬送など、椅子のデザインおよび製作と販売に関して数多くの合理的なアイデアを有する会社であり、近代化の波が押し寄せた後にはマルセル・ブロイヤーやミース・ファン・デル・ローエらによるスチールパイプ製の家具の製作・販売も行っている。

　アアルトは、1929 年秋にトーネット社が実施した家具のコンペティションに応募している。そこでは曲げ木に関する新たなアイデアが求められ、アアルトは四つの椅子と二つ

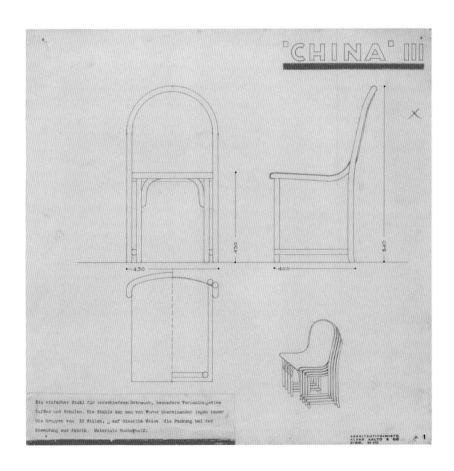

のテーブルを提出しているが、入選は叶わなかった。しかしながら、それらの案にはア
アルトが当時思い描いていたアイデアが盛り込まれていたことが確認できる。

　提出された四つの椅子の案は、①コルホネンが取得した特許に準じた積み重ね可能な
小型の椅子（図1）、②二つの姿勢で座ることができるアームチェア（図2）、③先に紹介
した成型合板のフォーク・センナ（p.70）と同様の上部を持つ4本脚の椅子（図3）、そし
て④ブロイヤーの椅子に見られるキャンチレバーのスチールパイプによる脚部を曲げ木で
構成した椅子（図4）であった。なかでも、④は、スチールパイプをいかにして木に置き
換えるかというアアルトが掲げていたテーマに対する一つの解決策を示す案として興味深
い。そこでは、U字に曲げられた大小三つのパーツを組み合わせて弾力性を保ちながら、
視覚的にもユニークな脚部が提案されている。なお、座面および背面にクッション材を

1. トーネット社のコンペティションへの応募作品（1929年）　椅子1
2. 同　椅子2

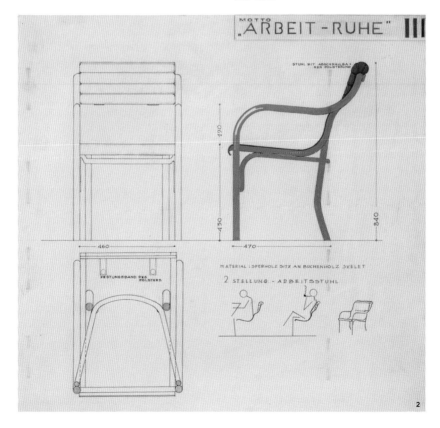

装着できるタイプの②〜④に関しては、取り付け部のディテールもしっかりとデザインされている。

二つのテーブルについては、一つは「アップレーゲ・ティッシュ」と呼ばれるサービステーブルのようなもので、後に製品化されたティートロリー（p.132）の原型となるようなアイデアが用いられている（図5）。もう一つはネストテーブル（入れ子状のテーブル）で、10台のテーブルを順送りに収納できるものだった（図6）。

このように充実した内容の案が提出されたものの、落選した理由としては、4000点以上の応募があり審査員が詳細に検討する余裕がなかったこと、親しんでいた樺材とは異なるブナ材の扱いにアアルトがあまり慣れていなかったことなどが挙げられている。

3. 同　椅子3
4. 同　椅子4

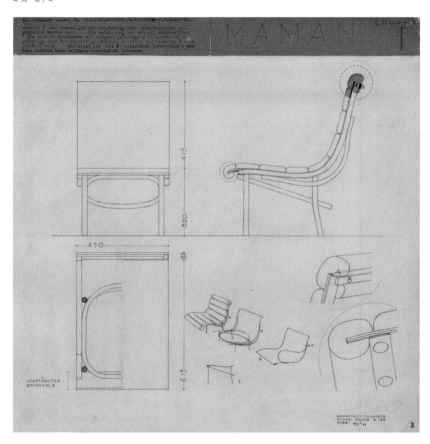

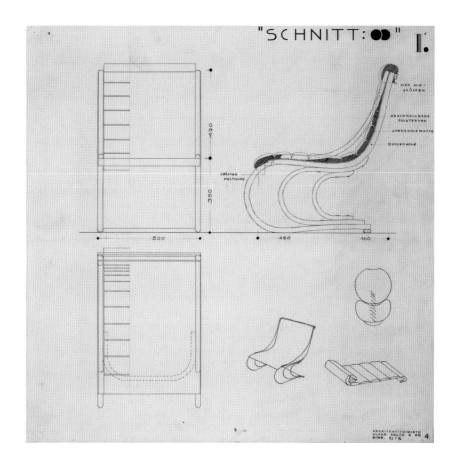

"SCHNITT: ⦿⦿" I.

ARKKITEHTITOIMISTO
ALVAR AALTO & CO
SIGN. 93/96 4

Chair   77

5. 同　アップレーゲ・ティッシュ
6. 同　ネスト・テーブル

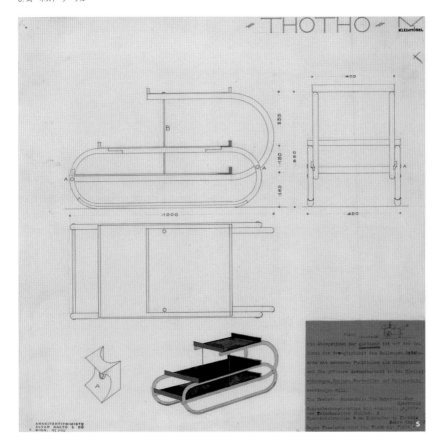

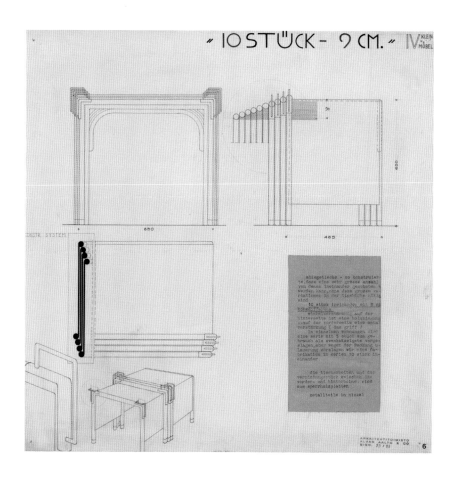

肘掛けも一体化されたハイブリッドチェア

　トータルデザインの事例として紹介したように、パイミオのサナトリウムの設計の際には数多くの椅子がデザインされた（1928〜33年、p.12）。アアルトが目指した金属を使用しない完全な木製椅子や、アアルト独自のアイデアが盛り込まれた椅子、その後の展開へとつながる原型となる椅子の多くが、ここで誕生している。

　その一つが、スチールパイプ製の脚部と木製の上部を組み合わせたハイブリッドチェアである。1枚の合板で形づくられた上部では、左右の両側に切れ目を入れて反対方向に曲げることで肘掛けも一体的に設けられている。このアイデアは後述する木製の実験レリーフ（p.106）にも見られるが、アアルトの独自性が発揮された手法の一つに数えられ、

その後の椅子のデザインにも大きな影響を与えた（図5、6）。

　肘掛けには、前方に向けて折り返すカーブを描くタイプ「26　アームチェア」と、座面から背面に連続するカーブを描くタイプの二つがある。なお、この椅子は複雑な形態をしていながらもスタッカブルであり、その精密なデザインには感服する。

1. 26 アームチェア（1932 年）
2. ハイブリッドのキャンチレバー・アームチェア（1932 年）　写真
3. 同　積み重ねた状態
4. 木製のレリーフ
5. ジェラルド・サマーズによるアームチェア（1933-34 年）
6. シャルロット・ペリアンによるペリアンチェア（1953-55 年）
7. ハイブリッドのキャンチレバー・アームチェア　写真
8. 同　図面

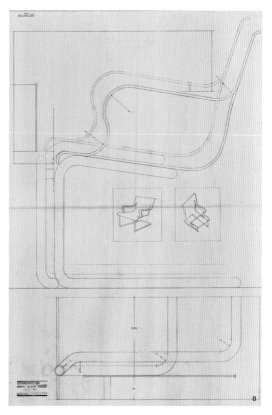

木製のキャンチレバーチェアの誕生

　アアルトは、曲げ木によるキャンチレバーの脚部の実現に向け、厚みのある長いバーチ材を木目方向が同じになるように重ね合わせて曲げる「ラメラ曲げ木」という技法を用いることを試みた。しかしながら、最初のうちは大きな荷重に耐えられず、子供用の椅子が限界だった。

1. キャンチレバーチェア「42 アームチェア」(1932 年)　図面 [17]
2. 同　写真
3. 102 チャイルドチェア (1932 年)　図面 [17]
4. 同　写真
5. ブルノチェア (ミース・ファン・デル・ローエ、1930 年)
6. アアルトハウスのファミリールームに置かれたキャンチレバーチェア

1

2

3

4

5

その後、試行錯誤の末に強度が得られるようになると、座面の下までだった木製のフレームを肘掛けになる位置まで持ち上げ、ミース・ファン・デル・ローエのブルノチェア（1930年）のような形へと改良を加え、椅子としての安定性を高めるとともに意匠的にも発展させることに成功する。左右一対の木製フレームでは、同一のバーチ材の板を使用し木材の密度を揃えておくことで、狂いの発生を予防しているという。

　こうして、スチールパイプに代わる完全な木製のキャンチレバーチェアが誕生することとなった。

7. パイミオチェアとキャンチレバーチェアの図面
8. ヘルシンキ市電力公社ビルに置かれたキャンチレバーチェア

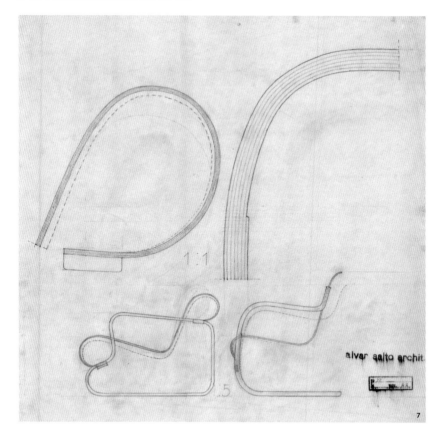

ループ状の木製フレームによるパイミオチェア

　パイミオのサナトリウムの設計時にデザインされた一連の椅子の中で特に重要な作品が、「パイミオチェア」とも称される「41 アームチェア パイミオ」（1932 年）である。

　ラメラ曲げ木の技法によりループ状に形づくられたサイドフレームが脚部と肘掛けを兼ね、左右のフレームをつなぐ 3 本の水平材が成形合板で一体的に形成された座板と背板を支える。合板の端部は、正円に曲げることで強度を持たせ、構造的に貫のような役割を果たしているが、他のデザイナーによる成形合板の椅子にはこのような形にデザインされたものは見当たらず、アアルトの独自性がうかがえる。また、背板の上部には長短 2 本ずつの切れ目が設けられており、造形的なアクセントにもなっているが、通気性を考慮したデザインとも考えられる。なお、パイミオのサナトリウムでは、座面と背面がクッショ

ンにされているタイプもつくられ、執務スペースなどで使用されている。

　アアルトはトゥルクに事務所を構えていた頃にブロイヤーのワシリーチェアを自邸で利用していたが、このパイミオチェアはワシリーチェアの影響を受けていると指摘されることがある。ワシリーチェアに関しては覆面をした女性が座る印象的な広告写真がよく知られるが、それを意識したかのようにパイミオチェアではアイノが座る合成写真が残っており、実に興味深い。

　アアルトの諸作品においては、造形に関するアイデアが、ドアノブや椅子のような小さなスケールのものから、建築そして都市といった大きなスケールのものに至るまで展開されているが、このパイミオチェアのサイドフレームを発展させたと思われる造形はイタリアに建設されたリオラの教会（1965 〜 78 年）の構造体に見出すことができる。

1. パイミオのサナトリウムに置かれた「41 アームチェア パイミオ」
2-3. 41 アームチェア パイミオ（1932 年） 写真
4. 同　図面[17]
5. クッションタイプの「44 アームチェア」（1932 年）

2
3
4
5

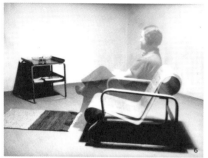

6.「41 アームチェア パイミオ」に座るアイノの写真
7. ワシリーチェアの広告写真
8 - 9.「41 アームチェア パイミオ」の製作過程
10. リオラの教会 (1965-78 年)
11. 44 ソファ (1938 年)
12. アアルトスタジオに置かれた「41 アームチェア パイミオ」

門型の木製サイドフレームによるアームチェア

　パイミオのサナトリウムでは、廊下やロビーで使用するための「ホールウェイチェア」が数多く製作された。力学的に安定した門型の左右のサイドフレームをつなぐ水平材の上に成形合板の座板と背板が載る構成は、先のパイミオチェア（p.86）と類似する形式として位置づけられるが、パイミオチェアよりも容易に製作でき、リーズナブルなタイプと捉えることができる。脚の垂直材と肘掛けの水平材は、手の指のように削り出した両者の端部を相互にはめ込んで接着する「フィンガージョイント」と呼ばれる方法で接合されている。

1. 403 アームチェア（1932 年）　図面 [17]
2. 同　写真
3. 同　フィンガージョイントによる接合部
4. 同　積み重ねられた状態
5. パイミオのサナトリウムに置かれた「403 アームチェア」

0　　　　50cm

マルセル・ブロイヤーとの相互関係

　既述の通り、アアルトは、マルセル・ブロイヤーのスチールパイプ製の椅子を出発点として独自の木製フレームを生み出し、その完成形とも位置づけられるパイミオチェアはブロイヤーのワシリーチェアから影響を受けているとも言われる。同時期に数々の名作を誕生させた両者の関係性はどのようなものだったのだろうか。

　ブロイヤーは、1925 〜 28 年のバウハウス在籍時にスチールパイプ製の椅子を数多くデザインした後、1928 〜 31 年はスチールのインテリアへの展開期、1931 〜 34 年はアルミ製の椅子の製作期、1934 〜 37 年は成形合板製の椅子の製作期と、一般にその活動は彼が取り扱った主要材料に応じて区分されている。

　このうち成形合板を用いた時期の作品には、アアルトの木製椅子からの影響が見られるという指摘もあり、アイソコン社から製品化されている座面と肘掛けが有機的な曲面で形づくられたプライウッド製の長椅子「アイソコン ロングチェア BCI」(1936 年、図 5)がその代表例として挙げられることが多い。一方、製品化されていないものの中にも類似したものが見られ、1935 年にゲーン・パヴィリオン(イギリス、ブリストル近郊)のためにデザインされた椅子 (図 2) はクッションタイプの「44 アームチェア」(p.87、図 5) に、1936 年開催の「7 アーキテクト展」でデザインされた椅子 (図 3) はキャンチレバーチェア (p.82) によく似ている。さらには、ブロイヤーが設計した住宅や展示会などにおいてア

アルトの椅子を設置することもあった（図6、7）。加えて、パイミオのサナトリウムでデザインされたハイブリットチェア（p.80）に見られた合板に切れ目を入れて異なる方向に曲げる手法が、材料の違いはあるものの、アルミ製の椅子の脚で採用されていることも確認できる（図4）。

　一方、1929年に、ブロイヤーは個人的なクライアントであったハルニスマハン氏のアパート（ドイツ、ヴィースバーデン）のインテリア設計を行っているが、そこで黒に塗装された木製のループ状のサイドフレームを持つアームチェアを製作している（図1）。1932年に完成したパイミオチェア（p.86）に先行して同様の椅子がブロイヤーによってつくられていたことになるが、アアルトがこの椅子の存在を知っていたかについては不明である。

　このように互いの作品に類似点が見られるアアルトとブロイヤーは、時に影響を及ぼし合いながら、優れた椅子を数多く生み出していたことがうかがえる。

1. ハルニスマハン邸のインテリア設計でデザインした木製椅子（マルセル・ブロイヤー、1929年）
2. ゲーン・パヴィリオンのためにデザインした木製椅子（マルセル・ブロイヤー、1935年）
3.「7アーキテクト展」のためにデザインした木製椅子（マルセル・ブロイヤー、1936年）
4. アルミ製の「52チェア」（マルセル・ブロイヤー、1932-34年）
5. アイソコン ロングチェア BC1（マルセル・ブロイヤー、1936年）
6. ドルダータールの住宅（マルセル・ブロイヤー、1936年）に置かれたアアルトの「400 アームチェア タンク」
7. ドルダータールのアパート（マルセル・ブロイヤー、1934年）に置かれたアアルトのキャンチレバーチェア

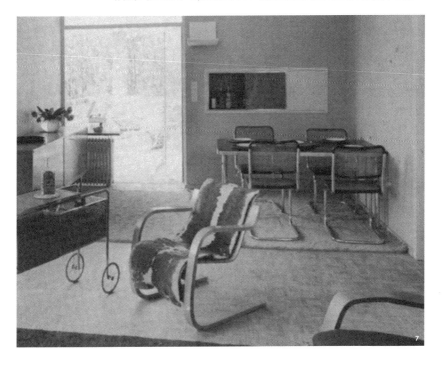

キャンチレバーチェアのヴァリエーション

　パイミオのサナトリウムと同時期にデザインされた木製のキャンチレバーチェアは、後に多くのヴァリエーションを生み出す重要なプロトタイプとなった。

　その一つがハイバックチェアであり、布や革など素材の違いに応じていくつかのヴァリエーションが製作されている。その中で特に注目すべきものが、座板・背板・肘掛けが成形合板で一体的に形づくられた 1932 年のハイバック・アームチェア（図 3）である。1940 年代のアメリカでは、チャールズ・イームズやエーロ・サーリネンらが成形合板で三次元曲面をつくり出す試みを行ったが、アアルトは三次元曲面の加工技術には興味を示さず、あくまで二次元曲面のデザインを貫いた。そのようななか、このハイバックチェアは、

それほど大胆ではないものの背板に三次元曲面が用いられている稀有な作品である。

　また、「43 ラウンジチェア」（1936 〜 37 年、図 6）は、全体の形を平たく引き伸ばしてリクライニング仕様にしたもので、見た目にも伸びやかさが感じられる。片持ち形式の木製椅子でここまで横長のものは、他のデザイナーの作品にも見当たらない。

　そして、サイドフレームの幅を太くし、安定感のある力強い形にデザインされたものが、その呼び名にふさわしい存在感を放つ「400 アームチェア タンク」（1935 〜 36 年、図 8）だ。1936 年のミラノ・トリエンナーレに出展するためにデザインされた椅子で、賞も獲得した名作の一つである。この椅子の座面と背面には、重厚なクッションが採用されている。

　さらには、複数人が座れるソファタイプのものも製作されており、ここでは中間部に補助の支持材が設置されている。

1. ルイ・カレ邸に置かれた「406 アームチェア」
2. ハイバックのアームチェア（1932-33 年）
3. ハイバックのアームチェア（1932 年）
4. ハイバックの「401 アームチェア」（1932-33 年）　写真
5. 同　図面 [33]

0　　　　　　50cm

6. 43 ラウンジチェア（1936-37年）　写真
7. 同　図面 [17]
8. 400 アームチェア タンク（1935-36年）　写真
9. 同　図面 [17]
10. クッションタイプのキャンチレバーソファ
11. プライウッドタイプのキャンチレバーソファ
12. アアルトハウスに置かれたゼブラ柄の「400 アームチェア タンク」

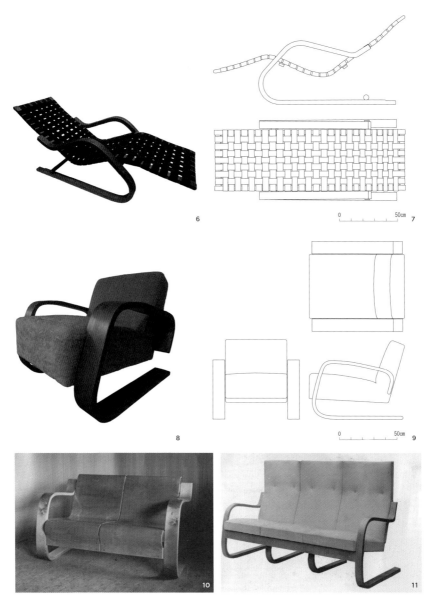

6

7

8

9

10

11

1

L−レッグの誕生とスツール 60

　木製のキャンチレバーチェアに続いてアアルトが生み出した新たなプロトタイプが、古代の柱のオーダーを意識した脚を持つ一連のシリーズである。その最初の型が「L−レッグ」であり、それを用いた「スツール 60」だ。

　スツール 60 は、1933 年にデザインされ、1935 年に竣工したヴィープリの図書館で大量に採用されたシンプルな丸椅子で、後にアルテック社から発売され、現在まで世界中で愛用されている。この椅子の特徴は脚にある。樺の角材を曲げて L 字形の脚にするという画期的な工法は「L−レッグ」と呼ばれ、曲げ加工部に切れ目を幾層にも入れ、そこに薄板と接着剤を挟み込み曲げることで実現されている。

　当時の一般的な木製の椅子では、脚と座板の接合部にホゾ組みなどの加工を施し、強度を上げる必要があった。対して、この L−レッグでは L 字形の脚の水平部分と座板をネジで締めるだけで接合でき、大量生産に向けた工法として非常に画期的なものだった。

　また、段ボールのフラットパックにコンパクトに梱包でき運搬しやすく、購入者自身が組み立てるノックダウン方式であることも、この椅子の普及が進んだ大きな要因の一つであった。このような方式は、先述のトーネット社（p.74）が創業当初からすでに試みて

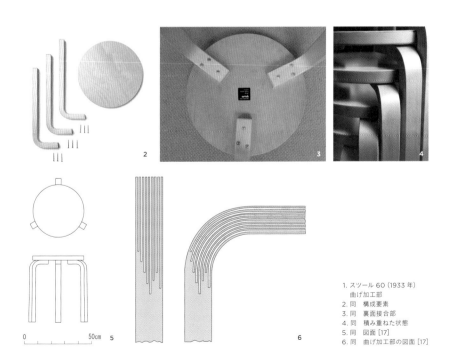

0　　　　　　　　　50cm

1. スツール 60（1933 年）
   曲げ加工部
2. 同　構成要素
3. 同　裏面接合部
4. 同　積み重ねた状態
5. 同　図面 [17]
6. 同　曲げ加工部の図面 [17]

いたものであったが、アアルトは同社の販売方針やシステムを熟知していたと言われる。先の 1929 年のスケッチ (p.73、図 6) には搬送時の梱包の状態が描かれているが、そのパッケージにトーネット社らしきロゴを確認することができる。

　スツール 60 は世界で最もコピーされた椅子とも言われるが、類似品では脚のすべてが集成材でつくられている。一方、L-レッグでは、曲げ加工部以外は無垢の角材のままだ。アアルトは椅子の脚のことを「柱の妹」と呼んでいたが (p.104)、直立する部分は柱のように無垢の角材で製作することにこだわりがあったのではないだろうか。

　L-レッグのスツールには、当初の 3 本脚のタイプと後に製作された 4 本脚のタイプの 2 種類がある。3 本脚のタイプは、凹凸のある床面でも接地性が良い反面、腰を載せる位置によっては倒れやすく安定性に欠ける。それに対して、4 本脚のタイプは、接地性は悪くなるが安定性に優れる。いずれも回転させながら永久に積み重ねられる点が面白い。製品は天板のカラーヴァリエーションも豊富で、記念モデルなども発売されており、コレクターを喜ばせている。また、背板のついた「65 チェア」やハイチェアタイプのものなど、スツール 60 をベースとして数多くのヴァリエーションも製作されている。

7. 同　天板のカラーヴァリエーション
8. 同　パッケージ
9. 同　曲げ加工の製作過程
10. 同　積み重ねた状態
11. 65 チェア (1933-35 年)　図面 [17]
12. 同　写真
13. 68 チェア (1933-35 年)
14. 69 チェア (1933-35 年)
15. 62 チェア (1933-35 年)
16. K65 ハイチェア (1933-35 年)
17. サウナッツァロの村役場のゲストルームに置かれた「スツール 60」
18. サウナッツァロの村役場の図書室に置かれた「65 チェア」
19. ヴィープリの図書館に置かれた「スツール 60」と「68 チェア」

0   50cm   11

12

13

14

15

16

17

18

「柱の妹」と呼ばれた椅子の脚

　アアルトは、古代ギリシア・ローマ建築の柱のオーダーを意識しつつ、椅子の脚のことを「柱の妹」と名づけ、尊重していたという。1954 年にストックホルムの NK デパートで開催された自身の個展のパンフレットでは、次のように記述している。「家具の設計において、歴史的かつ実用的な観点から重要となる基本的な問題は、鉛直部分と水平部分との接続要素をいかに扱うかである。接続要素はスタイルにキャラクターを与える上で決定的なものであり、椅子の脚であれば水平面と接するところで建築の柱の妹になる」*7。

　さらには、ある貧しい旅人が、材料がなく釘と水でスープをつくっていたところに、それが呼び水となって集まった地域の人々が野菜などを持ち込み、おいしいスープが出来上がったというスウェーデンに伝わる「釘のスープ」の民話における釘の役割を椅子の脚に当てはめて、次のように続ける。「この小さな展示会で見せなければならないのは、新しい椅子の脚だけだ。それこそがスープの釘である。それ以外はすべて野菜で、おいしいけれども絶対に必要というわけではない」*8。

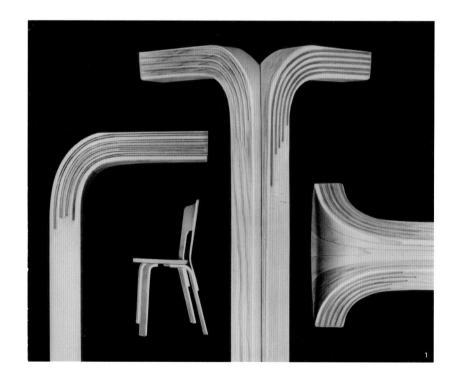

1

アアルトが「柱の妹」と呼んだ椅子の脚のタイプとしては、先述の「L-レッグ」(p.98、1933年) に加え、1947年にL-レッグを接合させた「Y-レッグ」(p.108) が、1954年に三角形状の脚を束ねて構成する「X-レッグ」(p.110) が開発されている。

「建築家の仕事は、調和を生み出し、未来から過去までの糸を一つにつなぎ合わせることに向けられている」*9と語ったアアルト。バウハウスをはじめとする近代運動では、過去と断絶した上で機能的な側面から新たなプロトタイプを生み出していく方向性が重んじられたのに対して、古代の柱のオーダーを引き合いに、自身の作品を過去と連続するものとして位置づけているところが実にアアルトらしい。

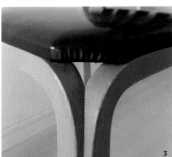

1.「柱の妹」と呼ばれた脚のシリーズ　左からL-レッグ、Y-レッグ、X-レッグ
2. L-レッグ (1933年)
3. Y-レッグ (1947年)
4. X-レッグ (1954年)
5. イタリアの建築家ヴィンチェンツォ・スカモッツィによる「五つのオーダー図」

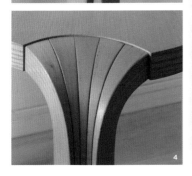

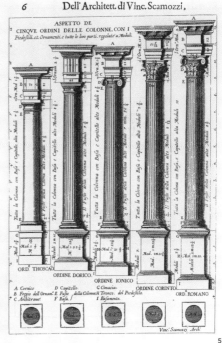

実験から生み出された木製のレリーフ

　アアルトは、曲げ木の技術の開発に向け、コルホネンとともに実験と実践を積み重ねたが、それはレリーフという形でも表現されている。

　こうした木の実験について、アアルト自身は次のように語っている。「建築に関連した実践上の目標、デザイン上の正しい形を得るためには、必ずしも合理的で技術的な点から出発することはできない。おそらくは決して。人間の想像力には、それが花開くための自由な場が必要だ。これが、私が木の実験を試みる理由である。実用上の機能を持たない純粋な遊びの形が、10 年を経過してようやく実用的な形になることもあるのだ」*10。

　また、ムーラッツァロの実験住宅（1953 年）に寄せた文章でも「遊び」の重要性を説いている。「われわれは、実験的な仕事を遊びの気分に、または遊びの気分を実験的な仕事に結びつけるべきである。建築の構造物、それから論理的に導かれた形態や経験的知識が、まじめに遊びの芸術と呼ぶことのできるものによって色づけられて、初めてわれわれは正しい方向に進むことになるだろう。技術や経済性は、生活を豊かにする魅力と常に結びついていなければならない」*11。

　レリーフでは、木材を異なる二方向へ曲げる、数 mm のスパゲッティ状のものを束ねて曲げる、材の厚みの違いにより曲げる曲率や膨らみをコントロールするなど、数多くの実験が行われ、曲げ木の可能性が検討された。それらはいずれも一作品として十分に芸術的なものだが、展覧会などで積極的に展示されることで、アアルト独自のアイデアを伝え、また木製家具の可能性を示すものとしても有効だった。

1-3. 木製のレリーフ (1929-33 年)　　5. 同 (1934 年)　　7. 同 (1936 年)
4. 同 (1946 年)　　　　　　　　　　6. 同 (1937 年)　　8-9. 同 (1929-33 年)

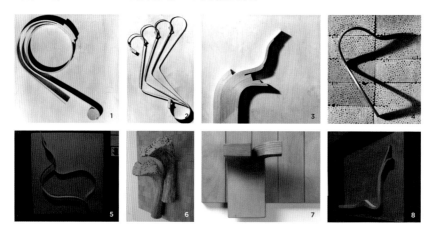

Y-レッグ

　1947 年、L-レッグの発展形として生み出されたのが「Y-レッグ」である。ここでは、斜めに切断された二つの L-レッグが接合され、脚部のフレームを形づくっている。

　この Y-レッグを用いた代表例が「Y612 チェア」だ。正面の脚部は左右の L-レッグをつなぎ合わせた門型のフレームであるのに対し、側面では前脚から水平に伸びるフレームが上方へとカーブを描き、背もたれへと連続する。この優美なカーブにはアアルトの卓越した感覚が存分に発揮されており、この椅子の大きな魅力となっている。

　なお、このサイドフレームは、L-レッグと同様に脚の立ち上がり部分は無垢の角材だが、曲げ加工部から背板の立ち上がり部分までは薄板が挟まれたまま連続している。前脚の部分では 5 枚だった薄板は、背の立ち上がり部分で 4 枚にされており、途中から部材の厚みを薄くするという細かなディテールが施されている。また、L 字形の曲げ加工部において、挟み込む薄材の厚みを変えることで絞り込むように脚の太さに変化をつけている精巧なディテールのタイプも見られる（図 5）。

　その他のヴァリエーションとして、この Y-レッグは、背板のないタイプの「Y61 スツール」やテーブル（p.130、図 13、14）などにも用いられている。

1. Y612 チェア（1946-47 年）　前面
2. 同　背面詳細
3. 同　図面［17］
4. Y61 スツール（1946-47 年）
5. 脚の太さに変化がつけられたタイプの Y-レッグ
6. スカンジナビア館の図書館に置かれた「Y612 チェア」

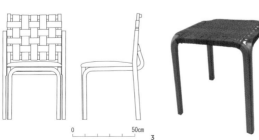

0　　　　　50cm

X-レッグ

　1954 年には、さらなる発展形として「X-レッグ」が誕生した。L-レッグを薄く切断した
ピースを束ねることで 1 本の脚が構成され、上部に形づくられる扇形の形状から「ファン
レッグ」とも呼ばれている。

　すべての小片を束ねると 360 度の円形になるようにモジュールが決められており、一つ
のピースの角度は 18 度、5 ピースで直角、20 ピースで円形になる。X-レッグを用いたス
ツールには、四角形の座面以外に、三角形や円形の座面のものもあるが、いずれも X-レッ
グの直角をなす扇形部分と座面とが絶妙なバランスでデザインされている。また、ルイ・
カレ邸では有機的な形のテーブルと X-レッグのスツールとを組み合わせたユニークな使
用例も見られる (p.36、図 5)。

　この X-レッグの造形のアイデアは、ヴォルフスブルクの教会やヴォクセンニスカの教
会などの建築作品にも見出すことができる。

0   50cm

4

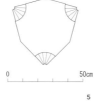

0   50cm

5

1. ルイ・カレ邸に置かれた「X601 スツール」
2. X601 スツール（1954 年）
3. X600 スツール（1954 年） 写真
4. 同　図面 [17]
5. X602 スツール（1954 年）　図面 [17]

6. 同　写真
7. X - レッグを束ねた様子
8. ヴォルフスブルグの教会（1960-62 年）
9. ヴォクセンニスカ教会（1955-58 年）

10. X-レッグのスケッチ
11. X-レッグの図面
12. アアルト美術館に展示されたX-レッグとY-レッグのピース構成

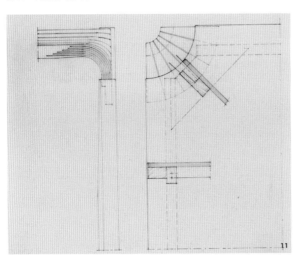

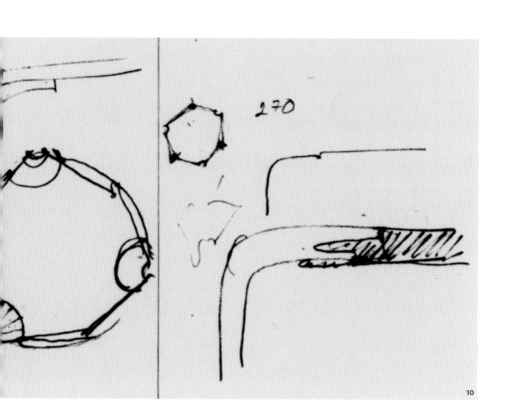

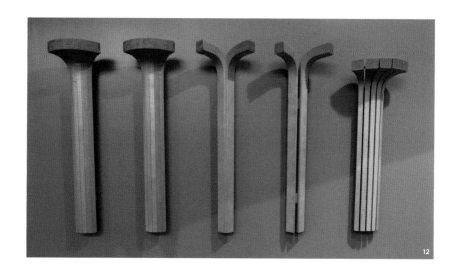

アームチェアのヴァリエーション

　1940 年代後半、アアルトはアームチェアを多数デザインしている。それらは特別な手法が用いられたものではないが、優美なカーブを描くフレームや素材の扱い、そして丁寧なディテールの集積によって全体の質が高められ、いずれも優雅さや気品を感じさせる。

　その代表例が樺材のフレームにウェービングテープが張り巡らされた「45 アームチェア」で、革や藤を張ったヴァリエーションもある。また、樺材のフレームにクッション材を組み合わせたタイプとして「E45 アームチェア」、さらには分厚いクッションタイプの「46/47/48 アームチェア」も製品化されていた。

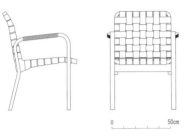

1. 45 アームチェア (1946-47 年)　図面 [17]
2. アアルトハウスのスタジオに置かれた「45 アームチェア」
3. 45 アームチェア　前面
4. 同　肘掛け部詳細
5. アアルトスタジオに置かれた「46 アームチェア」
6. ルイ・カレ邸に置かれた「45 アームチェア」
7. 48 アームチェア (1946-47 年)　側面
8. 同　肘掛け部詳細
9. 国民年金会館本館に置かれた「E45 アームチェア」
　 (1946-47 年)

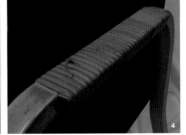

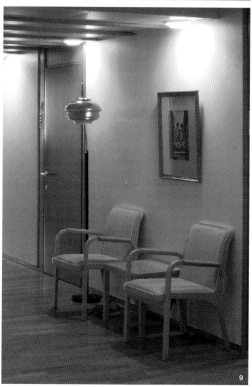

国民年金会館本館のスパゲッティチェア

　木材の実験 (p.106) では太さ数 mm の繊維状の木を束ねて自由に曲げる手法が編み出されたが、国民年金会館本館 (1948 〜 57 年) のためにデザインされたアームチェアではこの手法が用いられており、その形から「スパゲッティチェア」とも呼ばれている。X-レッグの椅子をベースとして、その上に繊維状の木を束ねた肘掛けが重なるように配置されているが、この手法では大きな荷重を支持することが困難であったために肘掛け部分にのみ使用されたと推測される。なお、この手法を用いて製品化された椅子はない。

1. 国民年金会館本館のスパゲッティチェア(1956 年)　図面[36]
2. 同　前面
3. 同　肘掛け部詳細
4. 国民年金会館本館の執務室

0　　　　　　50cm

1

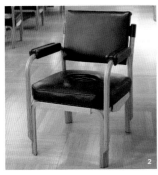

2

3

4

フィンランディア・ホールの椅子

　アアルトが手がけた後期の代表的な公共建築であるフィンランディア・ホール（1962〜71 年）。そこでデザインされた椅子では、前脚から連続する肘掛けと後ろ脚が扇形のパーツでつなぎとめられており、その形状は末広がりの三つのヴォリュームで構成される大ホールの外観を想起させる。

1. フィンランディア・ホールの椅子　前面
2. 同　肘掛けと後ろ脚の接合部
3. フィンランディア・ホール　大ホールの外観

1

2

3

V63 スツール

　1940 年代後半に限定生産された「V63 スツール」は、角材を鋭角に曲げた 3 本脚で支えられており、L-レッグの発展形と位置づけられる。曲げ加工部では、材を二つの部分に分け、隙間を空けて別々に曲げることで鋭角が実現されている。同様の手法は、木材の実験の中で製作されたレリーフにおいても確認できる。脚の角度に合わせて中央側に傾けられたリングには座面用のシートがはめ込まれるが、そのヴァリエーションには編んだ籐、詰め物を入れた布張り・革張りのものがある。

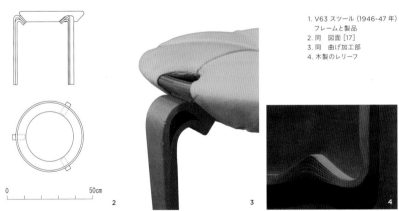

1. V63 スツール (1946-47 年)
　フレームと製品
2. 同　図面 [17]
3. 同　曲げ加工部
4. 木製のレリーフ

0　　　　　　50cm

バルコニーチェア

　X-レッグを生み出した翌年の 1955 年、アアルトは家具の部材を接続するための金属製のソケットを発明した。スウェーデン南部の都市ヘルシンボリで同年に開催された国際住宅展示会には、そのソケットを用いたバルコニー用の椅子が出展されている。これまでのアアルトの作風とは趣の異なるこの椅子は一時的な実験で終わった一方、ソケットのアイデアはテーブルの脚の接合部に活かされ、製品化もされている (p.137)。

1. バルコニーチェア (1955 年)

ガーデンファニチャー

　マイレア邸（1938 〜 39 年）のためにデザインされた庭用の椅子とテーブルのセットは、妻アイノとの協働でデザインされた。ほかにも、アイノは単独でリクライニングチェアもデザインしている。

　屋外で使用するため部材の扱い方が屋内用の椅子とは異なることに加え、「サンフラワー」と呼ばれるテーブルのカラフルな色使いもアアルトのデザインとしてはめずらしく、全体的にポップな印象を受けるセットである。

1. 310 ガーデンチェア (1938-39 年) 　図面 [17]
2. 同　写真
3. 330/332 ガーデンテーブル　サンフラワー (1938-39 年) 　図面 [17]
4. 同　写真
5. リクライニングチェア (1938-39 年) 　図面 [18]
6. 同　写真
7. アアルトハウスの 2 階テラスに置かれたガーデンファニチャー
8. マイレア邸に置かれたガーデンファニチャー

0　　　　　50cm

1　　　　3　　　　　　　　　5

2　　4　　　　6

Other Wooden Furniture

本章では、椅子以外の木製の家具について紹介していく。

　アアルトは、造形に関するアイデアを様々な対象やスケールに展開していく傾向があり、椅子の製作過程で誕生した曲げ木によるループ状のフレームやL-レッグなどはテーブルにも使用されている。また、三角形状の曲げ木フレームを用いた棚や自由に形状が変えられるパーテーション、脚の固定にソケットを使用したテーブルといったアイデアが盛り込まれた作品も見られる。一方、古典主義から機能主義へと作風が移行する時期には、高級感あふれる機能的で優美な家具も製作されており、その時期特有の作品として興味深い。

機能主義への移行期の家具

　アアルトが事務所をユヴァスキュラからトゥルクに移した時期は、自身の作風が古典主義から機能主義へと移行する時期にあたり、建築においても家具においても独特の作品が生み出されている。その一例として、1929年にトゥルクで開催された工業展示会に出品された寝室用の家具を紹介しよう。

　2台のベッドと枕元のサイドテーブル、ワードローブ、化粧台で構成される一連の家具は、均整のとれたプロポーションが美しく、黒く塗装された小口面や脚、クロームメッキが施されたシンプルなハンドルがその造形を引き締め、幾何学的な形状をより強調している。

　なお、これらの家具とセットで出品された椅子がフォーク・センナ（p.70）であった。大量生産を視野に入れてデザインされたフォーク・センナに対して、その他の家具に関しては大量生産という点ではまだ不十分だったが、ここからアアルトはより大量生産に向いたデザインへと傾倒していくこととなる。

1. ワードローブ (1929 年)
2. サイドテーブル (1929 年)
3. 化粧台 (1929 年)
4. ベッド (1929 年)
5. ワードローブ　詳細

曲げ木の加工技術を応用した家具

　アアルトらが椅子の製作過程で生み出した曲げ木の加工技術は、テーブルや棚などにも応用され、多様に展開されている。

　「915 サイドテーブル」(1931 〜 32 年) は、ループ状の木製フレームを持つパイミオチェア (p.86) と同時期にデザインされたもので、ロの字形に曲げられた木のフレームに端部を曲げた成形合板の天板と中板を取り付ける形で構成されている。このアイデアの原型は、1929 年に開催されたトーネット社のコンペティションの応募案「アップレーゲ・ティッシュ」(p.78) に遡ることができるが、応募案では端部がオープンにされたキャンチレバーのフレームも見られる。ほかにも、このループ状の木製フレームは、成形合板の物入れを設けた「76 テーブル」などで使用されている。

　一方、「柱の妹」と名づけられた椅子の脚のシリーズで最初に生み出された L-レッグ (p.98) も、門型に組み合わせるなどのアレンジが加えられながら、1930 年代にテーブルやカップボードをはじめとして様々な家具で用いられた。そのうち 1935 年にデザインされた「90A テーブル」「90B テーブル」などの丸テーブルは、今でもアルテックの主力商品と

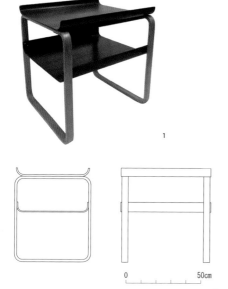

1. 915 サイドテーブル (1931-32 年)　写真
2. 同　図面 [17]
3. 76 テーブル (1932 年)
4. 70 テーブル (1933 年)

1

2

3

してロングセラーを続けている。また、丸テーブルの天板の下に吊り下げる形で物入れが設置された「70 テーブル」は、1940 年代まで販売されていた製品である。さらに、先に紹介したトーネットのコンペティションではネストテーブルの案（p.79、図 6）が見られたが、L−レッグを用いたネストテーブルも製作されている。

　テーブル以外にも、大きなヴォリュームが L−レッグと組み合わされたカップボードのような作品では、上部と対比的に丸みを帯びた L 字の形状が愛くるしく、とても魅力的だ。加えて、L−レッグの発展形である Y−レッグおよび X−レッグについても、テーブルなどに採用されている。

　なお、1933 年にデザインされ 1940 年代まで販売されていた「III シェルフ」は、L−レッグのように曲げられた幅広の側板を 3 枚重ねるという他の家具とは一線を画すデザインが施されているが、その曲げ木の連なりには米国国際教育研究所のカウフマン会議室の木製レリーフ（p.45、図 2）を想起させるものがある。

4

5

6

7

8

5. L - レッグのテーブル（1930 年代）
6. 90A テーブル（1935 年）
7. 88 ネストテーブル（1935 年）
8. L - レッグのカップボード（1930 年代）
9. L - レッグのテーブル（1930 年代）
10. L - レッグのチェスト（1930 年代）
11. マイレア邸の 2 階ホールに置かれた L - レッグのテーブル
12. アアルトハウスのスタジオに置かれた L - レッグのテーブル

9

10

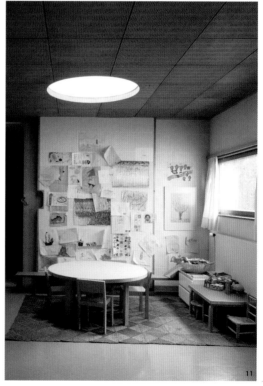

11

13. 111 シェルフ (1933 年)
14. Y-レッグのテーブル (1947 年)
15. Y-レッグの「Y805 ガラステーブル」(1946-47 年)
16. X-レッグのガラステーブル (1954 年)
17. アアルトハウスの居間に置かれた X-レッグの「X800 テーブル」(1954 年)

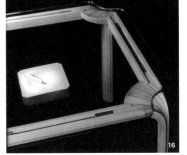

900/901 ティートローリー

　1937 年に開催されたパリの万国博覧会で初めて発表された「900 ティートロリー」は、英国のお茶の文化と日本の木工品に刺激を受けてデザインされたと言われる。パイミオチェアと同じく、閉じたループ状のフレームに天板や籠が配され、薄い樺材でつくられた両サイドの車輪が存在感を放っている。

1. 901 ティートローリー (1936 年)
2. パリ万国博覧会に出品された「900 ティートローリー」(1937 年)
3. 900 ティートローリー (1937 年)　図面 [17]
4. 同　写真

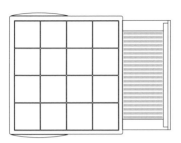

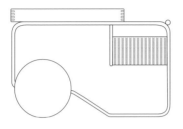

0   50cm   3

4

トライアングルフレームの棚

　既存の壁に取り付けられる棚では、力学的に有効な三角形のトラスが基本フレームとして採用されている。丸みを帯びたトライアングルフレームは、現在もラメラ曲げ木（p.82）の技法により二人がかりの手作業で製作されている。

　フレームに対して棚板を上に設置するか、下に設置するかで二つのタイプがあるが、どちらのタイプでも棚に置かれた物の重量を壁に伝達する上でトライアングルフレームは構造的な合理性を有している。控えめながらも、インテリアとして秀逸なシリーズだと言えよう。なお、トライアングルフレームを用いたヴァリエーションとして傘立てなども製作されている。

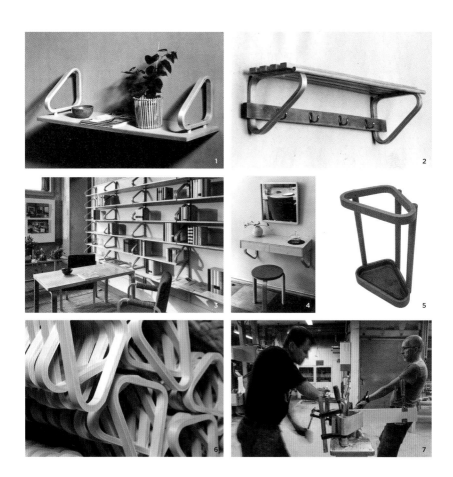

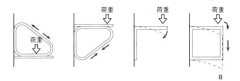

1. 112 壁付け棚（1935-36 年）　棚板下付けタイプ
2. 壁付け棚（1930 年代）　棚板上付けタイプ
3. 壁付け棚（1930 年代）　複数棚板下付けタイプ
4. 壁付け棚（1930 年代）　鏡面台上付けタイプ
5. 115 傘立て（1939 年）
6-7. ラメラ曲げ木の製作過程
8. トライアングルフレームの力学的有効性を示す模式図 [O]
9. ルイ・カレ邸の 2 階に設置された「112 壁付け棚」

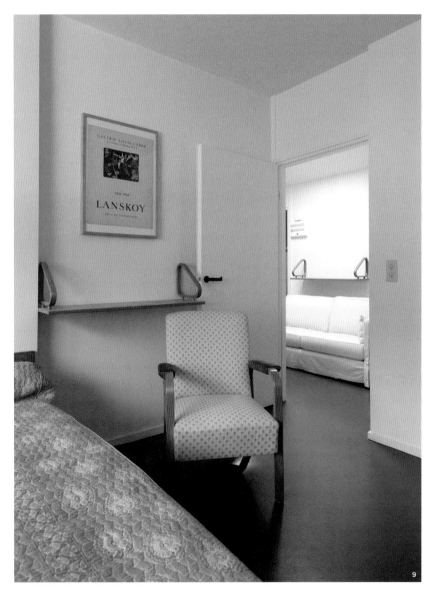

100 パーテーション

　アアルトがデザインした家具やインテリア製品で使用される木材はほとんどが白樺だが、1935 ～ 36 年にデザインされたこの「100 パーテーション」ではめずらしく松が使われている。高さ 150cm、2.7cm 幅の細長い部材がつなぎ合わされた構造により自由に形をつくり出すことができ、その柔らかな形と暖かい質感は室内に温和な雰囲気を醸し出す。

　ルイ・カレ邸の寝室では洗面台を隠すスクリーンとして使用されており、窓から差し込む横からの光が有機的なカーブの美しさを浮かび上がらせている。

1. アアルトスタジオに置かれた
「100 パーテーション」
2. 100 パーテーション
3. ルイ・カレ邸の寝室に置かれた
「100 パーテーション」

H-レッグのテーブル

1955 年にデザインされたバルコニーチェア（p.119）において生み出された金属製のソケットは、重い天板を支えるのにも有効で、かつ簡易に接合できる方法として他の家具にも応用され、製品化された。その脚は「H-レッグ」とも呼ばれ、家具に関してアアルトが編み出した最後のアイデアとも言われる。

ルイ・カレ邸に設置されたテーブルやカウンターでその使用例を確認することができる。

1-2. H-レッグ（ソケット・レッグ）　写真
3. 同　図面
4-5. ルイ・カレ邸に置かれたH-レッグのテーブル

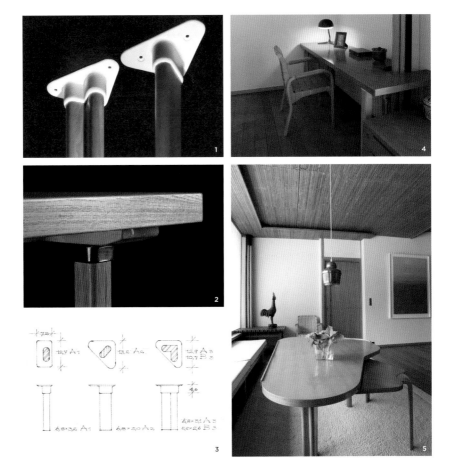

フィンランドが育んだ白樺の活用

　国土の３分の２以上が森林で覆われるフィンランドにおいて、木材とそれを生み出す林業は重要な国の資源であり産業である。100年以上にもわたる計画的な伐採方針によって、その資源は増え続けていると言われている。

　フィンランドの森で生育する樹種は、ヨーロッパ赤松が最も多く、次にトウヒ、白樺と続き、この三種でほぼ全体を占めると言われる。このうち、全体の１〜２割を占める白樺は、1988年に国樹にも指定されたフィンランドを象徴する樹種だが、アアルトが自身の家具やインテリア製品で好んで使用したのもこの白樺であった。白樺は柔らかく加工しやすい反面、幹が細いために大きな材が取りにくいこと、また節が多いことなどから家具の材料としては不向きな面もある。しかしながら、アアルトは自国のアイデンティティでもあり、容易に調達が可能な白樺の使用に挑み、その弱点を補いながら白樺に向いた

1-8. アアルトの家具を製作していたかつての工場の様子

成形合板やラメラ曲げ木といった技法を開発した上で、それらを発展させながら自身の家具デザインの新たな可能性を切り拓いていった。

一方で、素地の美しさも白樺の魅力の一つだ。フィンランド産の白樺の美しさは、複数の樹種の混合林で生育することや、北欧の土に含まれるミネラル分の影響によるものと言われる。アルテックの工場では、こうした木々の中から樹齢80年以上のものを厳選して使用している。

こうして、アアルトはフィンランドが誇る白樺を用いた家具を世界へと発信し、普及させていくことで、自国の主要産業を支え発展させることに大きく貢献した。

なお、アアルトの家具は、オット・コルホネンらが1911年に設立したファルネカルヤ・ラケヌスティオ社（1966年以降はファルネカルティオ・コルホネン社となり、コルホネン工場とも呼ばれている）で製作されていたが、2014年1月31日にアルテックがその工場を買い取り、以降は「A-ファクトリー」と呼ばれる自社工場で生産が続けられている。

9. アルテック A-ファクトリー　製材置き場
10-11. 同　外観
12. 鉄道輸送される木材 (ユヴァスキュラ駅)
13. フィンランドの森 (ユヴァスキュラ近郊)

Lamp

アアルトは、自身が設計を手がけた建築作品の大半で照明のデザインも行っている。それらの照明では、器具そのもののデザインに加えて、自然光と人工光との調和や、建築と照明の関係付けといった照明計画の点からも興味深い作品が多い。

　有機的な曲線形のもの、球や円筒の幾何学的な形状のものなど、その姿は見た目にも美しく、柔らかな印象を受けるが、そこでは眼に対して生理的にも心理的にも優しい光の質が最も重視されている。

　そのようなアアルトの姿勢は、1935 年に開催されたスウェーデン工芸家協会の年次総会で行った講演での次の一節にも表れている。「光の質とは何を意味するのか？　光は、人間が常に必要としている現象である。この点で光の正しい質の問題は、人間と時々にしか接触しない物よりも重要である。…(中略)…その肝心な役割である人間のための照明、目の衛生に適した照明、そして一般に人間にとって重要な質の問題は後回しにされている。特にこの点に関して、形を無理やりに付け加えることで、その欠乏を補うことが試みられている」*12。

古典主義期の照明

　人間的な技術について説く際に、「ローソクの光は人間にとって何が最も合理的な人工光線であるかの問題を解く鍵を与えている」*¹³とキャンドルを例に挙げることもあったアアルト。大学卒業後、最初の事務所をユヴァスキュラに構えていた 1920 年代は、古典主義的なデザインを行っていた時期にあたる。設計活動においてはユヴァスキュラ近郊の木造教会の改修なども手がけているが、そこでは燭台やシャンデリアなどのキャンドル器具をデザインしている。

　1924 〜 26 年に改修を行ったアントラ教会では、祭壇をはじめとして、内陣の手すり、詩篇や韻文が描かれたボード、オルガン台、安楽椅子、壁付けの貴重品箱などをデザインしているほか、キャンドル器具として、六つの燭台が配された真鍮製の球形シャンデリアと祭壇用の 3 種類の燭台が製作された。また、1926 年に手がけたコルピラハティの教会では、祭壇、演台、内陣などに加え、7 本のローソクを立てることができる燭台、2 種類の真鍮製キャンドルホルダーがデザインされた。そのうち、2 本の燭台の背後に円盤が付けられたキャンドルホルダーには、光の質・色・方向をコントロールしようとする

1. アントラの教会
2. アントラの教会の
　キャンドルシャンデリア
3-4. コルピラハティの教会に
　設置された壁付けの
　キャンドルホルダー
5. 労働者会館の劇場に設置
　されたペンダントランプ
6. 労働者会館の劇場に設置
　されたウォールランプ
7. 労働者会館のホワイエに
　配された各種照明器具

意図が見られ、後の照明器具のデザインへとつながるアイデアが垣間見える。

　一方、この時期の代表的な建築作品として挙げられることの多い労働者会館（1925年）では、植物や騎士の武具などをモチーフにした古典主義スタイルの装飾的な照明器具が多数デザインされた。暗さが支配的な空間において、それらの照明器具は幻想的な雰囲気を付与するのに一役買っている。

機能主義期の照明

　機能主義的な方向へと作風が変化した時期にデザインされた照明器具では、必要な機能に対して最小限のシンプルな形態が与えられている点に特徴がある。

　パイミオのサナトリウム（1928〜33年、p.12）では、機能主義的な表現をベースとしつつ、病室で寝ている患者にまぶしさを与えない光環境の構築が目指された。そこでは、人間の生理や心理に関わる機能までを含めて設計を行う「大きな機能主義」というアアルトの思想が存分に反映されている。

　一方、同時期のもう一つの代表作であるヴィープリの図書館（1927〜35年）の閲覧室では、本を読む利用者の眼に優しい光環境の構築が重要なテーマとして掲げられた。閲覧室の天井には 57 個の円筒形のスカイライトが配されているが、各トップライトは、北緯 60 度という高緯度の土地であることを考慮に入れた上で、太陽高度が最も高くなる夏至の南中時に直射日光が入らない形に周到に設計されている。さらに、人工照明に関しても、直射光ではなく壁面から反射・拡散する光によって読書ができるように計画された。その照明は、壁面に向けて強力な光を放つ投光器とも呼べるような器具で、閲覧室の天井に計 12 個が埋め込まれている。ここでは、自然光と人工照明の組み合わせにより、利用者のことを第一義に考えた光環境が実現されている。

　また、この時期には標準仕様の照明器具も多数デザインされており、1930 年に建設されたトゥルン・サノマット新聞社ビルで数多く使用されている。その中に、天井面に塗装を施して光の反射率を上げ、照明を建築と一体的に扱う手法を採用しているものが見られるが、パイミオのサナトリウムの病室に設置されている照明器具（p.15、図 15）に先行するものとして位置づけられるだろう。

1. トゥルン・サノマット新聞社ビルに設置された標準仕様のシーリングランプ
2. トゥルン・サノマット新聞社ビルの階段ホールの照明と光の反射率を高める
　 塗装が施された天井
3. ヴィープリの図書館の閲覧室の照明の図面 [01]
4. ヴィープリの図書館の閲覧室のスカイライト群と照明器具

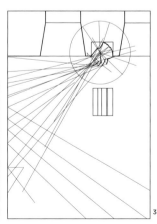

有機的なフォルムをまとったランプ

　機能主義期を経てアアルトらしさが表現されはじめる時期にデザインされた重要な照明器具が、1937 年のサヴォイ・レストラン（p.18）の設計時に誕生した「ゴールデンベル」だ。ユニークな丸みを帯びた彫刻的な形状にアアルトの独自性が感じられるが、このような有機的なフォルムを持つランプはその後も数多くデザインされており、アアルトの照明器具の代表的なタイプの一つに数えられるだろう。

　愛くるしい形をしたゴールデンベルは、同 1937 年にアルテック社から製品化もされ、後にいくつかのヴァリエーションも生まれており、1937 年から現在まで販売され続けてい

る一体成形型の真鍮による「A330S」、1954年に三つのパーツを組み合わせる形にアレンジを加え発売された、パーツ間の隙間から光が漏れる「A330」、そして乳白色ガラス仕様の「A440」などがある。

　ゴールデンベルでは、下部に楕円形の穴が連続するデザインが施され、点灯時に光り輝く帯がアクセントになっている。この縁取りのデザインは、1950年代に誕生する「手榴弾」（p.155）や「ビーハイブ（蜂の巣）」（p.153）、国民年金会館本館（1948〜57年、p.28）に設置された「カブ」などにも用いられる手法である。

　なお、特徴的なクリスタル・スカイライトで知られるアカデミア書店（1961〜69年）2階のアアルトカフェには「A330」が吊り下げられており、各テーブルを優しく照らしている。

1. A330S ペンダント ゴールデンベル（1937年）
2. A330 ペンダント（1954年）
3. A440 ペンダント（1954年）
4. 「A330 ペンダント」が設置されたアカデミア書店のアアルトカフェ
5. A335 ペンダント（1956年）
6. A333 ペンダント カブ（1950年代）
7. A808 フロアランプ（1955-56年）

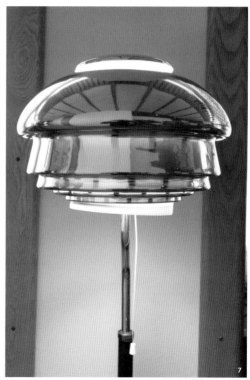

ポール・ヘニングセンからの影響

アアルトはポール・ヘニングセン（1894 ～ 1967 年）の照明から影響を受けていることを自ら公にしており、ムーラメの教会（1926 ～ 29 年）、南西フィンランド農業組合ビル（1927 ～ 28 年）などの初期の建築作品ではヘニングセンの PH ランプが設置されている。また、南西フィンランド農業共同組合ビルの一室に住んでいた際のリビングルームや、ヘルシンキの自邸「アアルトハウス」（1936 年）の諸室でも PH ランプが愛用されていた。

ヘニングセンは、層状に重ねたシェードにより光源を包み込むことでまぶしさを抑え、必要なところに効率的に配光することを基本理念として、その理念に基づいてあらゆる照明器具をデザインした。その点で、ヘニングセンは、一つのタイプをベースとして、そのヴァリエーションをつくり続けたデザイナーであった。それに対して、アアルトは、多様なタイプの照明器具を生み出してきた点でヘニングセンとは異なる。

アアルトの照明デザインでは、複数のシェードを重ね合わせる手法にヘニングセンからの影響が感じられるが、その代表例と言えるものが国民年金会館本館（1948 ～ 57 年）の設計の際にデザインされた「フライングソーサー（空飛ぶ皿）」である。上部を反射板で覆い、同心円状に並ぶシェードが光源を包囲する構成は、ヘニングセンがデザインした「パリランプ」（1925 年）に類似している。また、同建物のクリスタル・スカイライト内に吊り下げられたペンダントランプの上部には、ヘニングセンの名作「PH5」（1958 年）の原型とも位置づけられる「4 枚シェードの PH ランプ」（1931 年）と同形状の反射シェードが設けられており、上方への光を水平方向に拡散させる役割を果たしている。

6

1. パリランプ（ポール・ヘニングセン、1925 年）
2. ムーラメの教会に設置された PH ランプ
3. アアルトハウスのファミリールームに設置された PH ランプ
4. 4 枚シェードの PH ランプ（ポール・ヘニングセン、1931 年）
5. PH5（ポール・ヘニングセン、1958 年）

6. A337 ペンダント フライングソーサー（1951 年）
7. 国民年金会館本館のクリスタル・スカイライト内に設置された
　ペンダントランプ　写真［16］
8. 同　図面
9. 国民年金会館本館の事務室に設置されたシーリングランプ

7

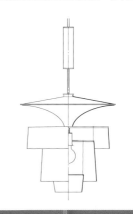

8

9

リング状のシェードで光源を包み込んだ照明

　アアルトは、リング状のシェードを層状に組み合わせるヘニングセン譲りの手法を用いつつ、彼らしいユニークな形状を持つ照明もデザインしており、その代表例としては「エンジェルウイング（天使の羽）」と「ビーハイブ（蜂の巣）」の愛称で知られる二つが挙げられる。

　エンジェルウイングでは、薄板のシェードを上方に向けて広がる形に重ねていくことで天使の羽のような優美な形が生み出されている。一方、ビーハイブは、重ね合わされた真鍮製のリングが球形を形づくるペンダントランプで、蜂の巣のように細かなスリットから漏れる光が美しい。

　また、シンプルな円錐形のタイプもあり、幾何学的な形状のものもデザインされている。

1. 国民年金会館本館の執務フロアに設置された「A805 フロアランプ エンジェルウイング」
2. A805 フロアランプ エンジェルウイング（1954 年）
3. A331 ペンダント ビーハイブ（1953 年）
4. A809 フロアランプ（1959 年）
5. 国民年金会館本館のエントランスロビーに設置された「A622 シーリング」（1953 年）

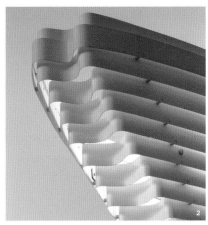

円筒形のペンダントランプ

　アアルトの照明器具には円筒形を組み合わせたものも数多く見られ、これらも典型的なタイプの一つに数えられるだろう。

　その代表例が、サウナッツァロの村役場 (1949 〜 52 年) の議場で最初に設置された照明で、その形状から「手榴弾」と名づけられている。暗闇に満たされた議場の中で、主たる光は闇を壊すことなく直下に導かれ、シリンダーの隙間から上部に漏れる淡い光は穏やかな雰囲気を演出し、器具の色も闇に同調するように黒く塗られている。同形のペンダントランプはスカンジナビア館の図書室にも用いられたが、ここでは明るい空間に合わせて白に塗装されている。

　その他のヴァリエーションとしては、円筒の長さが抑えられ上部に反射板をつけたタイプや、複数個を束ねたタイプ、またシリンダー部がルーバー状にされたタイプなどがある。

1. サウナッツァロの村役場の議場に設置された
　「A110 ペンダント 手榴弾」
2. スカンジナビア館の図書室に設置された
　「A110 ペンダント 手榴弾」
3. A110 ペンダント 手榴弾 (1952 年)
4. ルーバータイプの「A110 ペンダント 手榴弾」(1950年代)
5. 国民年金会館本館の会議室に設置された
　「A201 ペンダント」(1950 年代)
6. 国民年金会館本館の会議室に設置された
　三連タイプの「A203 ペンダント」(1950 年代)

球形のスポットライト

　ルイ・カレ邸（1956 〜 59 年、p.34）では球形のペンダントランプがデザインされ、後にアルテック社で製品化もされた。「ビルベリー（こけもも）」と名づけられたこの照明は、そのプロトタイプをマイレア邸（1938 〜 39 年、p.22）の書斎のためにデザインされたパンチングメタル製のペンダントランプに見ることができる。

　また、さらに遡ると、1929 〜 32 年の間に標準仕様としてデザインされた照明器具のドローイング中にそれらの原型らしきものが確認でき、天井に据え付けるタイプの球形のスポットライトに開けられた円形の開口部から特定方向に光が照射される様子が描かれている。開口部にルーバーが設けられている点では異なるものの、基本的な形状や考え方はマイレア邸およびルイ・カレ邸のペンダントランプに踏襲されていると言えるだろう。

　ルイ・カレ邸では、テーブルの上や窓辺、書棚など、光を必要とする各所にこのスポットライトが多数設置されており、明るさを提供するともに、その姿が空間に親しみやすさと豊かさを付与している。

1. 標準仕様の天井付けスポットライトの
　図面（1930 年）［02 (Vol.4)］
2-4. ルイ・カレ邸に設置された
　「A338 ペンダント ビルベリー」（1950 年）

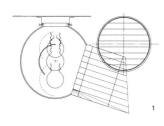

Glass Object

北欧モダンデザインのアイコンにもなっている「アアルトベース」と呼ばれる花器をはじめとして、アアルトはガラス製品でも数々の名作を生み出している。その原型は、妻アイノが1949年に亡くなるまでの間に大半がデザインされており、多くはフィンランド国内のガラスメーカーによるデザインコンペティションへの応募作品から誕生したものである。その後、それらの原型をもとにヴァリエーションが製作され、シリーズ展開されている。

　フィンランドのガラスデザインは、1950年代以降、カイ・フランク、タピオ・ウィルカラ、オイバ・トイッカらの活躍により黄金期を迎えるが、それ以前に自身のガラスデザインを世界にアピールしていたアアルトは、その発展の下地を形づくった点で大きく貢献したとも言えるだろう。その作品は、今なおフィンランドのデザインを代表するものとしてロングセラーを続けている。

　なお、建築やインテリア、家具のデザインに関しては、アアルトとアイノの分業について判断が難しいものが多数存在するのに対して、ガラス製品に関しては比較的明確で、それぞれが個別にコンペティションに応募している作品も見られる。

ボルゲブリック

　アアルトとアイノがガラス器のデザインに着手するきっかけとなったのが、フィンランドのガラス製品メーカーであるカルフラ・イッタラ社（現在のイッタラ社がカルフラ社と合併していた当時の社名）が 1932 年に開催したガラスデザインのコンペティションであった。このコンペティションでは、狭小な部屋で使用するための新たなグラスウェアのデザインが求められた。

　このコンペティションに、二人はそれぞれの案を別々に応募している。アイノの応募案である「ボルゲブリック」は、水差し、タンブラー、ボウル、浅皿、シュガーポット、ミルクピッチャーからなるセットで、押し型ガラスの部門で 2 等を受賞した。一方、アアルトは、「カールヒート」と名づけた案で九つのグラスと二つのデカンタ（ワイン入れ）を応募したが、落選している。

　ボルゲリックは「波」を意味するフィンランド語で、その名の通り、押し型によって器

に波紋のような同心円状の凹凸が付けられており、形自体はシンプルな器に豊かな表情が付与されている。加えて、この凹凸は、器を手で持った際の滑りの防止、器の強度の向上、さらには製造時に発生する気泡を隠す役割も果たすものであった。

　ボルゲブリックは、1933年にロンドンの百貨店で展示されて好評を博し、さらに1936年のミラノ・トリエンナーレで金賞を受賞するなど、その人気は着実に確かなものとなっていった。当初、製品名はシンプルに「アアルト」（アアルトにも「波」という意味がある）とされていたが、近年は「アイノ・アアルト」と改名されており、現在もイッタラ社の主要商品としてロングセラーを続けている。

　一方、アアルトの案については、いくつかのグラスは積み重ねができるように考えられてはいたものの、それぞれの形状や大きさが異なり、製造過程が複雑なために落選したのではないかと言われている。なお、1933年に竣工したパイミオのサナトリウムにおいて、応募案にあったグラスとタンブラーが製作・使用されている。

1. 「ボルゲブリック」シリーズ（1932年）　カップとピッチャー
2. アイノが1936年のミラノ・トリエンナーレに出品したカップとピッチャー
3. 同　大皿

3

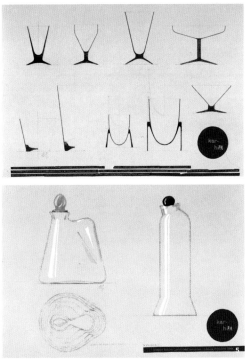

4. アイノの応募案「ボルゲブリック」の図面
5. アアルトの応募案「カールヒート」の図面

リーヒマキ・フラワー

　1933 年、フィンランドのガラスメーカーであるリーヒマキ社は、同年のミラノ・トリエンナーレへの出展作品を選考するためにコンペティションを開催した。日用品とアートの二つの部門で 9 名の建築家が招待され、アアルトはそのうちの一人であった。アアルトは、アイノとの協働のもと、日用品の部門にガラス器のセットを応募し、2 等を受賞している。

　「リーヒマキ・フラワー」と呼ばれるこのセットは、深皿、二つのボウル、花瓶、グラスのシンプルな 5 種類の器で構成される。それぞれの大きさと周囲の立ち上がりの角度に変化がつけられ、それらを積み重ねると花が開いたような形が現れるという仕掛けが施されている。色合いを変えて 3 種類のサイズが製造され、先のミラノ・トリエンナーレおよび同年にロンドンで開催されたフィンランド家具展 (p.50) に出展された。

　一方、ヘルシンキで展示された際には、「モダンデザインの一例ではあるが、実験機器のようだ」と批評されたと言われるが、徹底した機能主義のデザインにまだ馴染みが薄かった当時のフィンランド国内の状況がうかがえる。

　リーヒマキ・フラワーは、リーヒマキ社により製造され、戦前まで販売された。なお、リーヒマキ社は 1990 年に廃業しているが、同社で製作されたアアルト作品はこのセットのみである。

1. リーヒマキ・フラワー (1933 年)
2. フィンランド家具展での展示 (1933 年)

アアルトベース

　北欧モダンデザインのアイコンとして世界的に知られる「アアルトベース」。フィンランドの湖岸や湖に浮かぶ島の形がモチーフにされているとも言われるこのフリーフォームの花瓶は、大きさや形、色合いが異なる数多くのヴァリエーションが製作されている。

　その原型は、1937 年のパリ万国博覧会への出展に向けて、前年の 1936 年にカルフラ・イッタラ社が行ったコンペティションで誕生している。「エスキモーの革ズボン」というユニークなタイトルが付けられた応募案では、鉛筆・白インク・クレヨンで色紙と厚紙に原寸でラフに描かれた五つのガラス器を確認できる。この有機的な形状に関して製造技術面で課題があったものの、それにもかかわらず 1 等を獲得し、晴れて製作されることとなった。

　当初、アアルトは、薄いスチール板を曲げて波状の型をつくり、そこにガラスを流し込む方法を考えていたようだが、最終的には木製の型が採用された。この木型は 1960 年代後半まで使用され、その後は特別な場合を除いて金型に変更されている。木型で製作された場合には、熱で木が焼けることでガラスの表面が微妙に波打ち、質感が生まれるのに対し、金型による場合は表面が平滑に仕上がる。

　1937 年のパリ万国博覧会では、浅皿から花瓶まで約 10 種のヴァリエーションが出品され、好評を博し、その後世界各地から注文が殺到したという。一方、本国では、同年に完成したサヴォイ・レストラン (p.18) で製造・使用されており、「サヴォイベース」とも呼ばれている。

　このシリーズの特色である自由な形状は、その使い方に関しても自由度を高めており、様々な用途に用いられている。その点もこの器の魅力の一つに数えられるだろう。

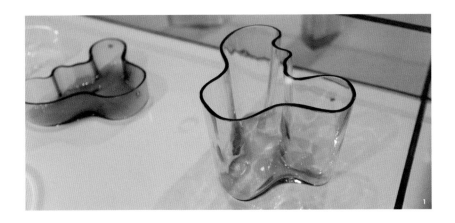

1

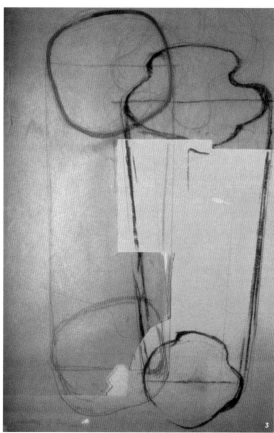

1-2. アアルトベース（1936年）
3-4. コンペティション応募案
　「エスキモーの革ズボン」のスケッチ
5. アアルトベースのスケッチ

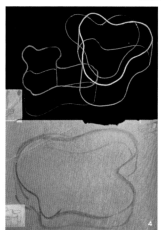

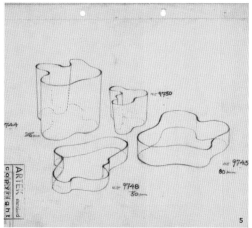

mattoja
verhoja
valaisimia
keramiikkaa
porsliinia
lasia
uudintankoja
ovenpainakkeita

sisustuksen oleelliset osat

inredningens väsentliga beståndsdelar

mattor
gardiner
armatur
keramik
porslin
glas
gardinstänger
dörrtrycken

6

マイヤ

　カルフラ・イッタラ社が 1936 年に実施したコンペティションでは、「マイヤ」と呼ばれるガラス器のセットが提案された。そのスケッチには、チーズドーム（チーズ用のガラスカバー）、スナック用の小皿とボウル、燭台などが描かれている。しかしながら、最終的に製品化が実現したのは、木製のトレイが付属する角形のスナック皿のみだった。

1. 製品化された木製トレイ付きのスナック皿（1936 年）
2. コンペティション応募案「マイヤ」のスケッチ（1936 年）

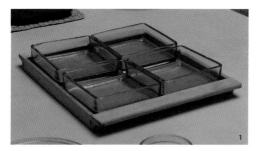

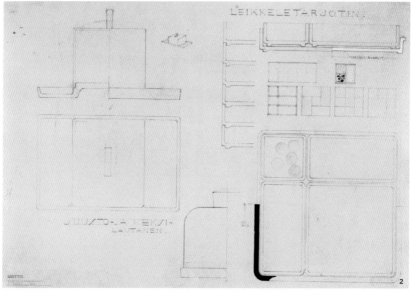

1930年代のガラス皿

　既述のように、1930年代には多種多様なガラス製品がデザインされたが、ほかにも独創的な皿も生み出されている。重ね合わせることを前提とした「スタッカブル 4 パーツ」のシリーズは、椅子で実現された積み重ねのアイデアが垣間見えるアアルトらしい作品だ。一方、顔をモチーフにした「カクテルプレート」には遊び心が感じられる。

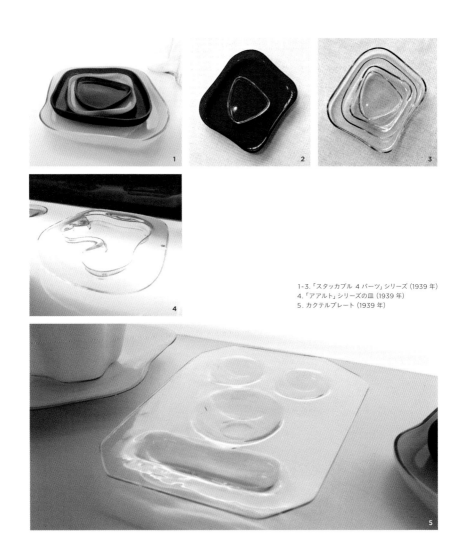

1-3.「スタッカブル 4 パーツ」シリーズ (1939 年)
4.「アアルト」シリーズの皿 (1939 年)
5. カクテルプレート (1939 年)

アアルトフラワー

　「うねる壁面」で世界を驚かせたニューヨーク万国博覧会のフィンランド館（1939 年、p.56）。その館内展示に向けてイッタラ社では前年にコンペティションを実施し、そこで「アアルトフラワー」と呼ばれる新たなガラス器がデザインされた。花瓶とボウルで構成されるセットをスタッキングすると花のような形になる点はリーヒマキ・フラワー（p.163）と共通するが、個々の器がフリーフォームの形状にデザインされており、その発展形と位置づけられるだろう。

1. アアルトフラワー（1938 年）　透明ガラスタイプ
2. 同　スケッチ
3 - 4. 同　カラー・ヴァリエーション

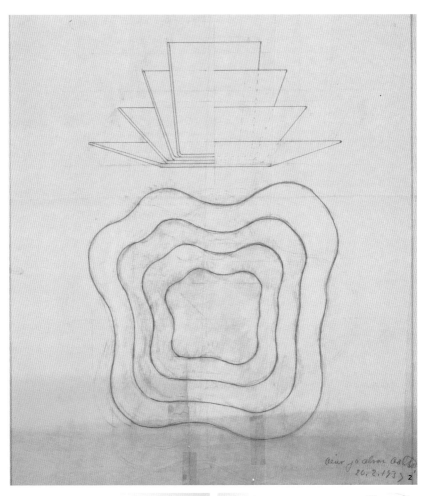

誕生日プレゼントのラージベース

　アイノが 50 歳の誕生日を迎えるにあたり、アルテックのスタッフがアアルトにデザインを依頼した花瓶。「ラージベース」と呼ばれたこの花瓶はイッタラ社の工場で製作され、アイノにプレゼントされた。

　複雑で繊細な形状は、アアルトの諸作品を担当していたガラス職人ヒューゴ・ラスクの手による型により生み出された。そこでは、1930 年代のデザインから学んだことを応用し、ベースとなる木型に細かな木製の部材を密に取り付けた型を採用することで、波打つ薄いガラスの造形が実現されている。

1. ラージベース (1944 年)

1950 年代のガラス皿

　1949 年にアイノが亡くなって以降、ガラス器は以前の作品を応用したものがいくつか製作されるにとどまっている。

　一方、1954 年にストックホルムの NK デパートで開催されたアアルト展では、戦後のプロダクトデザインが多数出展され、L-レッグ・Y-レッグ・X-レッグを用いた家具、二人目の妻エリッサが関わったテキスタイルなどとともに、1939 年にカクテルプレート（p.169、図 5）のシリーズとしてデザインされたシンプルなプレート（図 1 左、図 2）が展示された。このプレートは、オパールガラス、透明ガラス、プラスティックの 3 種類が製作され、1950 年代には販売もされていた。

1. K303/54 プレート（1954 年、左2 点）、K302/54 カクテルプレート（1954 年、右上）、K304/54 スモールガラストレイ（1954 年、右下）
2. K303/54 プレート（1954 年）
3. K302/54 カクテルプレート（1954 年）
4. カクテルプレート（1950 年代）

イッタラ社と工場

　フィンランドで最初に設立されたガラスメーカーのヌータヤルヴィ社（1793 年設立）、そしてカルフラ社（1889 年設立）、リーヒマキ社（1910 年設立）などのガラス工場はすでに閉鎖され、現在稼働している工場はイッタラ社のみである。

　イッタラ社は、1881 年 4 月、フィンランド南部のイッタラ村でスウェーデン人のガラス職人により設立された。当時フィンランド国内にはガラス職人がほとんどいなかったため、スウェーデンから 17 名のガラス職人を募集し、同年の 11 月に最初の製品が誕生している。1910 ～ 20 年代は、国内外に出回るガラス器を模した製品を大量に販売しているにとどまり、自社で独自にデザインされた製品はまだ取り扱われていない状況にあった。

　そうしたなか、1932 年に社内デザイナーとしてヨーラン・ホンゲルを迎え入れることで自社製品を生産する体制が整えられ、新たな時代が到来する。加えて、同年に開催されたカルフラ・イッタラ社のコンペティションでアイノの「ボルゲブリック」（p.160）が製品化され、世界的に人気を博した。こうして、イッタラ社のガラスデザインの幕が開かれた。

1. 工場外観
2. 工場内上階の窓から湖を望む
3. 工場裏手の湖
4. 湖畔の洗濯場
5-6. 工場内部
7-8. 砂置き場

戦後に入り、1950 年代にフィンランドのガラスデザインは黄金期を迎える。その後、1960 〜 70 年代、イッタラ社では需要が高まった電球ガラスの生産が開始され、その利益を担保にガラスデザインにさらに力を注ぎ、数多くの人気商品を生み出した。1981 年にはフィンランドのガラス製品の輸出額の 77％を占めるまでに成長し、国内で最大のガラス製品輸出企業の座につくこととなる。

　イッタラ社の工場は、イッタラ村の駅のそばに立地している。ガラスの製造に必要な薪と水が入手しやすく、製品の輸送にも利便性の高い場所として、この土地に建設された。

　現在、工場には、美術館、アウトレットショップ、カフェが併設され、「イッタラ村」として公開されており、多くの人々が訪れる場所になっている。工場の裏手には森と湖が広がり、湖畔にはフィンランドの夏の風物詩とも言われるカーペットの洗濯場もある。洗濯場は今も従業員が利用しており、工場で紡がれてきた歴史を垣間見ることができる。

工場では、バルコニーからガラスの製造過程を見学することも可能だ。この工場で生産されているアアルトベース (p.164) は、息を吹き込んで膨らませたガラス玉を型に入れ、再び息を吹き込み、型に押しつけて成形する「型吹きガラス」の製法で製造されている。イッタラ社によると、型吹きガラスの技術を習得するのに、通常の製品であれば2年程度を要するのに対して、複雑なアアルトベースでは10年程度の経験が必要だという。

一方、美術館にはアアルトベースの型が展示されており、かつての木製のものから現在の鉄製のものに至るまで、大きさや形の異なる色々なタイプの型を見ることができる。

15

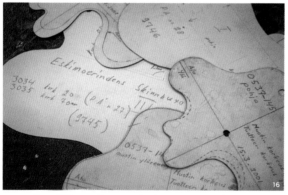

16

17

9-10. アアルトベースの木型
11-13. アアルトベースの金型
14. 木リン (ウッドブロック)
15. アアルトベースの製作過程の
　　　模式図 [O]
16. アアルトベースの型紙
17. 図面庫
18. 工場内部
19-25. アアルトベースの製作過程

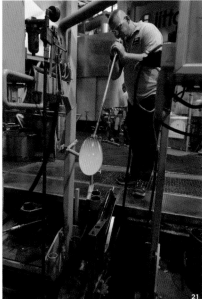

Textile

アアルトのテキスタイルデザインのタイプは、大きく二つに分けられる。一つは教会建築や公共建築などの建築作品に合わせて固有にデザインされたもの、もう一つはカーテン・タペストリー・テーブルクロス・カーペットなどのインテリア用品として製作されたものである。

　1930 年代には、自身が設計した機能主義的な建築のやや硬質な内部の印象を和らげるためにテキスタイルを用いており、当時からテキスタイルを重要なデザイン要素として扱っていたことがうかがえる。そのような姿勢は、「テキスタイルは、人々が室内に欲する自然、樹木、花、草などに代わるものの一つだ」[*14]という彼の言葉にも表れている。

特定の建築のためにデザインされたテキスタイル

　建築作品に合わせてテキスタイルがデザインされた初期の事例は、ユヴァスキュラに事務所を構えていた時期に改修工事を手がけたケミヤルヴィ教会（1926〜29年）やコルピラハティの教会（1926〜27年）など、木造教会の祭壇に見ることができる。また、戦後においても、ヴォクセンニスカの教会（1955〜58年）、セイナヨキの教会（1951〜60年）といった教会建築でテキスタイルをデザインしている。

　一方、初期に製作されたテキスタイルの中で特に重要な作品に挙げられるものが、トゥルクのフィンランド劇場の緞帳である（1928年、現在はトゥルク県美術館に所蔵）。高さ9m×幅11mの巨大な緞帳で、兜と盾を身につけた戦士や、ライオンが人を攻撃している丸いアリーナなど、古典劇の一場面が織り込まれている。

1. トゥルクのフィンランド劇場の緞帳（1928年）　図面
2. 同　写真
3. コルピラハティの教会（1926年）　祭壇のテキスタイル
4. アントラの教会（1924-26年）　祭壇のテキスタイル
5. ヴォクセンニスカの教会（1955-58年）　祭壇のテキスタイル

他方で、別のデザイナーにデザインを依頼しているケースも見られ、フィンランディア・ホールのメインオーディトリアムのカーテンは、フィンランドを代表するテキスタイルデザイナーの一人であるドラ・ユングの手によるものである。

アイノのテキスタイル

　アイノは、ガラス器と同様にテキスタイルでもその才能を発揮し、アアルトとの協働でも大きな役割を果たしている。

　アイノが単独でデザインしたテキスタイルとしてまず挙げられるのが、1936 年のミラノ・トリエンナーレに出品された「キルシカンクッカ」である。「日本文化における花や動物や自然の素材を愛でる精神こそが、一つの模範だ」*15 と語ったアアルトは、来日こそしていないものの、日本の文化を愛し、そこから大きな影響を受けたことは本人も認めているところだが、1933 年頃にアイノとともにフィンランド公使の市河彦太郎とその夫人かよ子と知り合い、夫人から桜の花をモチーフにした布地が贈られた。その喜びと日本のテキスタイルデザインへの敬意を表しデザインしたのが、フィンランド語で「桜の花」を意味する「キルシカンクッカ」であった。

その後に発表された「A.A.」「リーフ」と名づけられた作品では、南フィンランドの羊毛組合で生産された布地が使用されている。また、同年にフィンランド工芸デザイン協会がヘルシンキで開催した展示会では、波のパターンや植物の実をモチーフにした作品が出展された。さらに、1939年のニューヨーク万国博覧会への出品作品として、フィンランドの湖の形に触発された柄を織り込んだリネンの布地を製作している。

このように、アイノのテキスタイルでは、植物や波、湖といった自然をモチーフにしたものが多く、自然の代替物としてテキスタイルを扱っていたアアルトに共鳴するものが感じられる。

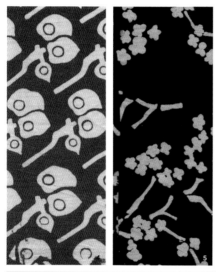

1-3. リーフ（アイノ・アアルト、1936年）
4. 無題（アイノ・アアルト、1936年）
5. キルシカンクッカ（アイノ・アアルト、1936年）
6. A.A.（アイノ・アアルト、1938年頃）

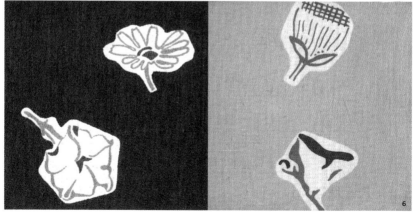

なお、物資が不足していた戦時中、アルテック社ではドラ・ユングやカイ・フランクがデザインした紙のテキスタイルを販売しており、アイノもアートディレクターとしてそこに関わっていた。「材料は紙になっても、デザインについては妥協できない」という当時の言葉には、彼女の実直な姿勢が表れている。

　日本とフィンランドの外交関係樹立100周年にあたる2019年、アルテック社は、「FIN/JPN　フレンドシップ　コレクション」の一つとして、80年以上の時を越えてキルシカンクッカを蘇らせた。復刻に際しては、京都の西田染工にプリントを依頼している。西田染工では、職人の手作業により綿の生地にシルクスクリーンで模様を刷り上げる「手捺染」と呼ばれる方法でプリントしているが、その際に生じるわずかな不規則性がこのテキスタイルパターンに命を吹き込み、活き活きとした布地を生み出している。

7. ニューヨーク万国博覧会に出品された布地（アイノ・アアルト、1939年）
8. 紙のテキスタイル（ドラ・ユング、1943-45年）
9. ノルウェー・オスロのアアルト展の展示（1938年）　左から「キルシカンクッカ」「リーフ」「ウェーブ」
10. 2019年に復刻された「キルシカンクッカ」
11. 手捺染によるプリント作業

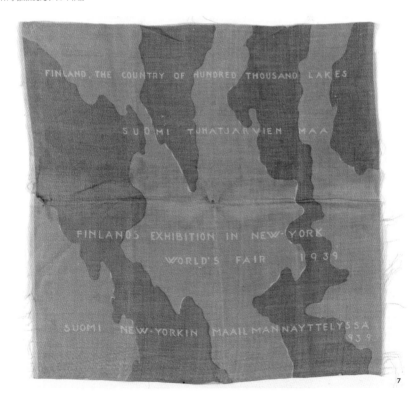

7

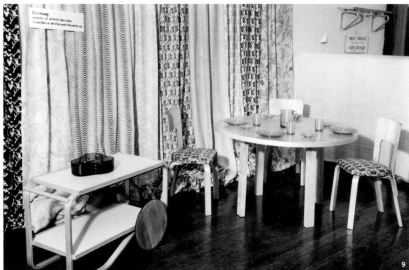

世界各地のテキスタイルへの関心

　アアルトは、アイノとともに、新しい情報と刺激、そして発見を求めて、機会を見つけては一緒に旅をした。1935 年の夏には、アムステルダム、ブリュッセル、パリ、そしてチューリッヒを訪れているが、アイノはその旅の中でヨーロッパに出回っていたエスニック素材に魅了された。なかでも、モロッコ産のカーペットのゼブラ柄に惹かれ、「400 アームチェア タンク」のクッションに早速ゼブラ柄の布地を使用している。このゼブラ柄は、これ以外の製品にも採用されており、現在もアルテック社の主要商品として販売されている。

　アルテック社によると、設立時の 1935 年から 1985 年の間に開催した展示会での出品点数としては、テキスタイルが家具に次いで 2 番目に多いという。展示会では、自社のテキスタイルだけでなく、アフリカ・中国・インド・メキシコなどの民族的な織地や、国内外のアーティストによりデザインされた作品など、世界各地から集められたテキスタイルも展示されており、世界のデザインに関心を持っていた二人の姿勢が受け継がれていたことがうかがえる。

1. ヘルシンキのアルテックストアでのテキスタイルの展示 (1955 年)
2. アルヴァ・アアルト美術館に展示されたゼブラ柄の「400 アームチェア タンク」

2

1950 年代のテキスタイル

　1950 年代には、二人目の妻エリッサとの協働のもと、以前とは異なる幾何学的なテキスタイルが数多く製作された。この時期の作品には、「シエナ」「ヴェネツィア」「ピサ」などの都市名や「パティオ」など、イタリアと関連する呼び名がついたものが多い。

　アルファベットの H をモザイク状に配した「H55」は、1955 年にスウェーデンのヘルシンボリで開催された展覧会で初めて披露された。この「H55」と中庭のパターンで構成される「パティオ」は、エリッサが単独でデザインしたものだ。

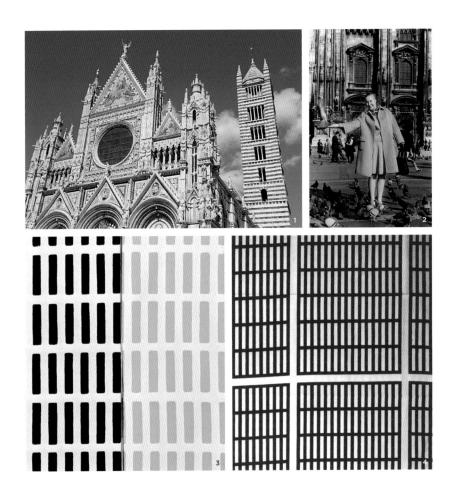

一方、アアルトがデザインした「シエナ」は、イタリアのシエナの大聖堂の壁面のパターンなどがモチーフになっていると言われ、同様に、「ヴェネツィア」「ピサ」についても実在する都市がモチーフにされていると推測される。

なお、これらの幾何学なパターンは、機械でなく一つ一つが手書きで描かれている。そのため、幾何学的でありながらも柔らかい雰囲気を醸し出されており、このテキスタイルの魅力に大きく寄与していると言えるだろう。

1. シエナの大聖堂　　　　　　　　5. パティオ（エリッサ・アアルト、1950 年代）
2. エリッサ・アアルト　　　　　　6. H55（エリッサ・アアルト、1955 年）
3. シエナ（1954 年）　　　　　　　7. ピサ（1950 年代）
4. ヴェネツィア（1955 年）　　　　8. E.A.（1950 年代）

Store and Museum

ここでは、アアルトのプロダクトに出会える店舗として、アルテック社の三つのストア
を紹介する。また美術館として、イッタラ社が運営する二つのミュージアム、およびユヴァ
スキュラに自身が設計したアルヴァ・アアルト美術館を取り上げる。

アルテックストア

アルテック ヘルシンキストア

　アルテック社は、会社設立の翌年にあたる1936年、ヘルシンキの中心部ファビアニンカツ通りの旧ユニオンバンクビルの1階に直営店をオープンさせた。その後、1954年にアアルトがケスクス通りに設計したラウタタロ・オフィスビルに、1991年にはエスプラナーデ通りに面するJ・S・シレン設計の旧ラッシラ・ティカノヤビルに移転している。

　そして2016年には、ラウタタロ・オフィスビルに隣接するエリエル・サーリネン設計の旧キノパラッティ・ビルに移転。その隣にはアアルトが1969年に設計したアカデミア書店があり、現在のアルテックストアはアアルトの建築作品に挟まれる形で立地している。こうして、ヘルシンキのアルテックストアは、アアルトそしてアルテック社の歴史を象徴する場所に戻ってきたことになる。

店舗は二つのフロアで構成され、階段や三連の小窓などサーリネンによるオリジナル
の部分も残っており、その点も見所だ。また、エントランスには、サヴォイ・レストラン
（p.18）のプライベートルームにあるゴールデンベルのシャンデリアが再現されている。

アルテック 2nd Cycle

2006年、アルテック社では、フリーマーケットや古い工場・学校・造船所などからアア
ルトの家具をはじめとする使い古された自社の製品を探し出し、買い取る「2nd Cycle
（セカンド　サイクル）」という試みを開始した。年月を経て美しくエージングされた製品に
改めて光を当て、新たな魅力と価値を見出すことで、再び新たな命を吹き込むというコン

1. ファビアニンカツ通りのアルテックストア（1936-54年）
2. ラウタタロ・オフィスビルのアルテックストア（1954-91年）
3. 旧ラッシラ・ティカノヤビルのアルテックストア（1991-2016年）
4. 旧キノパラッティ・ビルのアルテックストア（2016年-）
5. ケスクス通り　左からラウタタロ・オフィスビル、旧キノパラッティ・ビル、アカデミア書店

5

セプトは、良いものをいつまでも使い続けていくことの大切さを伝える点で大変意義ある取り組みだと言えよう。

　店舗はヘルシンキのアルテックストアの近くに構えられており、地下洞窟のような奥深い空間に歴史が感じられる逸品が所狭しと並ぶ店内の光景は壮観だ。

6. 旧キノパラッティ・ビルのアルテックストア　サインとファサード
7. 同　エリエル・サーリネン設計の三連の小窓
8. 同　竣工当時の内部
9-10. 同　エリエル・サーリネン設計の階段
11. 同　現在の内部
12. 同　エントランスに再現されたゴールデンベルのシャンデリア

アルテック 東京ストア

　一方、フィンランドと日本の外交関係樹立 100 周年を迎えた記念すべき 2019 年、日本初となる直営店が表参道の地に誕生した。2020 年現在、アルテック社の直営店があるのは、ヘルシンキと東京の 2 都市のみである。

13. アルテック 2nd Cycle　入口
14-15. 同　内部

イッタラ社のミュージアム

デザインミュージアム イッタラ

　イッタラ村（p.176）内に併設されている「デザインミュージアム イッタラ」は、古い納屋を改修して1971年に開館した美術館で、アアルトのガラス製品をはじめとして、カイ・フランク、オイバ・トイッカなどの作品も展示されており、イッタラ社そしてフィンランドのガラスデザインの歴史を実物を通して学ぶことができる。ガラスの製造技術に関する展示も充実している。

イッタラ&アラビア デザインセンター

　2016年、イッタラ社と同じグループの傘下にある陶器メーカーのアラビア社の工場跡に、ショップ、ミュージアム、アトリエなどからなる「イッタラ&アラビア デザインセンター」が建設された。その最上階にあるミュージアムでは、ガラス、セラミック、アートなどのセクション別に、アアルトを含むフィンランドを代表するガラス作品が展示されている。

1. デザインミュージアム イッタラ　外観
2-3. 同　内部
4-5. イッタラ&アラビア デザインセンター　内部
6. 同　外観

アルヴァ・アアルト美術館

　アアルトが少年時代を過ごしたユヴァスキュラに、自身の設計により 1974 年に建てられた美術館。隣接する中部フィンランド博物館（1954 〜 60 年）も彼の手による建物である。

　2 階展示室の上部には鋸屋根のスカイライトが 3 列に連なり、奥にはニューヨーク万国博覧会のフィンランド館（p.56）を思い起こさせる「うねる壁面」が待ち構える。アアルトの多彩な創作活動を網羅する数々の展示品を、彼自身が設えた建築空間の中で鑑賞することができる。

1-2. アルヴァ・アアルト美術館　外観
3. 隣接する中部フィンランド博物館
4-8. アルヴァ・アアルト美術館　内部

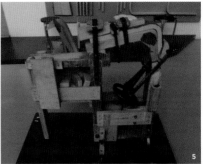

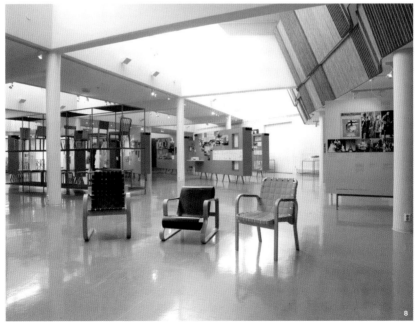

年譜
Chronology

	主な出来事					
	建築作品	椅子	その他家具	照明	ガラス器	テキスタイル
1898	アルヴァ・アアルト、2月3日にフィンランド中西部クオルタネで生まれる					
1903	ユヴァスキュラに引っ越す					
1916	ヘルシンキ工科大学建築学科に入学					
1920		古典主義期の椅子（1920s）				
1921	ヘルシンキ工科大学建築学科を卒業					
1923	ストックホルムにてエリック・グンナール・アスプルンドに会う ユヴァスキュラにアトリエを開設					
1924	アイノ・マルシオと結婚					
1925		労働者会館（ユヴァスキュラ）		労働者会館の照明		
1926		アントラの教会 コルピラハティの教会		アントラの教会の キャンドル器具 コルピラハティの教会の キャンドル器具	アントラの教会の祭壇 コルピラハティの教会 の祭壇	
1927	トゥルクにアトリエを移す					
1928	デンマークにてポール・ヘニングセンに会う 家具職人オット・コルホネンと出会う 南西フィンランド農業組合ビル					フィンランド劇場の 緞帳
1929	第2回CIAM（フランクフルト）に初参加。ル・コルビュジエ、ヴァルター・グロピウス、ラズロ・モホリ＝ナギらと知りあう トゥルク工業博覧会に出展 トーネット社の家具コンペティションに応募 ムーラメの教会（ユヴァスキュラ）	611チェア ロウチェア フォークセンナ				
1930	第3回CIAM（ブリュッセル）に参加 ヘルシンキにて最小限住宅展開催 トゥルン・サノマット新聞社（トゥルク）	23 ハイブリッドチェア				
1932	カルフラ・イッタラ社のガラスデザインのコンペティションに応募	41アームチェア パイミオ 42アームチェア 44アームチェア 26アームチェア 403アームチェア 102チャイルドチェア	76テーブル 915サイドテーブル		ボルゲブリック・シリーズ◆	
1933	ヘルシンキにアトリエを移す 第4回CIAM（アテネ）に参加 ロンドンにてフィンランド家具展開催 第5回ミラノ・トリエンナーレに出展 リーヒマキ社のガラスデザインのコンペティションに応募 パイミオのサナトリウム	L-レッグ スツール60 401アームチェア	70テーブル 111シェルフ	パイミオの サナトリウムの照明	リーヒマキ・フラワー	
1935	マイレ・グリクセンらとアルテック設立 ヴィープリの図書館	62チェア 65チェア 68チェア 69チェア K65ハイチェア	90Aテーブル 90Bテーブル	ヴィープリの図書館の照明		

◆：アイノ・アアルトが単独でデザインした作品　　▲：エリッサ・アアルトが単独でデザインした作品

	主な出来事					
	建築作品	椅子	その他家具	照明	ガラス器	テキスタイル
1936	パリ万国博覧会フィンランド館の設計競技で1位入選。初の海外作品に着手 第6回ミラノ・トリエンナーレに出展					
	アアルトハウス（ヘルシンキ）					
		400 アームチェア タンク	100 パーテーション 112 壁付け棚 901 ティートローリー		アアルトベース マイヤ	リーフ◆ キルシカンクッカ◆
1937	パリ万国博覧会フィンランド館 レストラン・サヴォイ（ヘルシンキ）					
		43 ラウンジチェア	900 ティートローリー	A330S ペンダント ゴールデンベル		
1938	ニューヨーク近代美術館にて「アアルト：建築と家具展」開催。初の渡米 ニューヨーク万国博覧会フィンランド館の設計競技で1位入選 オスロ、コペンハーゲンにてアアルト展開催					
		44 ソファ			アアルトフラワー	A.A.◆
1939	マイレア邸（ノールマルック） ニューヨーク万国博覧会フィンランド館（アメリカ）					
		406 アームチェア 310 ガーデンチェア	330/332 ガーデンテーブル サンフラワー 115 傘立て	マイレア邸の照明	アアルト・シリーズ スタッカブル4パーツ シリーズ	ニューヨーク万国博覧会 出品のリネンの布地
1940	マサチューセッツ工科大学（MIT）の客員教授に招聘される					
1944					ラージベース	
1947	ヘルシンキにて「アイノ＆アルヴァ・アアルト共同設計25周年記念展」開催。その後、コペンハーゲン、オスロ、チューリッヒ、ミラノ、パリ、 アムステルダムを巡回（〜50）					
		Y-レッグ Y61 スツール V63 スツール Y612 チェア 45 アームチェア 46 アームチェア 47 アームチェア 48 アームチェア E45 アームチェア	Y805 ガラステーブル			
1948		ベーカー・ハウス（アメリカ、ケンブリッジ）				
1949	アイノ・アアルトが死去					
		ハーバード大学図書館のポエトリールーハ				
1950				A201 ペンダント (1950s) A203 ペンダント (1950s) A333 ペンダント カブ (1950s) A338 ペンダント ビルベリー		ピサ (1950s) E.A.(1950s) パティオ (1950s)▲
1951				A337 ペンダント フライングソーサー		
1952	アトリエのスタッフ、エリサ・マキニエミと再婚					
	サウナッツァロの村役場（ユヴァスキュラ）			A110 ペンダント 手榴弾		
1953	ムーラッツァロの実験住宅（ユヴァスキュラ）			A331 ペンダント ビーハイブ A622 シーリング		
1954	ストックホルムにてアアルト展開催					
		X-レッグ X600 スツール X601 スツール X602 スツール	X800 テーブル	A330 ペンダント A440 ペンダント A805 フロアランプ エンジェルウイング	スモールガラス トレイ スクエア・ カクテルプレート	シエナ
1955	ラウタタロ・オフィスビル（ヘルシンキ） ユヴァスキュラ教育大学の本館					
		バルコニーチェア	H-レッグ			ヴェネツィア H55▲

	主な出来事					
	建築作品	椅子	その他家具	照明	ガラス器	テキスタイル
1956	アアルトスタジオ（ヘルシンキ）					
		スパゲッティチェア		A335 ペンダント A808 フロアランプ		
1957	イギリス王立建築家協会（RIBA）よりゴールド・メダルを受ける					
	国民年金会館本館（ヘルシンキ）					
1958	フィンランド建築家協会の名誉会員となる					
	文化の家（ヘルシンキ）					ヴォクセンニスカの 教会の祭壇
	ヴォクセンニスカの教会（イマトラ）					
1959	ニューヨークのメトロポリタン美術館にて「20世紀の建築家展」開催。フランク・ロイド・ライト、ヴァルター・グロピウス、ミース・ファン・ デル・ローエ、ル・コルビュジエとともに大きく取り上げられる					
	ルイ・カレ邸（フランス、バゾーシュ・スュール・グィヨンヌ）			A809 フロアランプ ルイ・カレ邸の照明		
1960	中部フィンランド博物館（ユヴァスキュラ）					
	セイナヨキの教会					
1962	エンソ・グートツァイト本社ビル（ヘルシンキ）					
	ヴォルフスブルクの教会（ドイツ）					
1963	フィンランド・アカデミーの会長となる（〜68）					
	アメリカ建築家協会（AIA）よりゴールド・メダルを受ける					
	ベルリンの芸術アカデミーにてアアルト展開催。その後、ハンブルク、エッセン、チューリッヒ、アメリカ各地を巡回（〜66）					
1965	フィレンツェにて大規模なアアルト展が開催される					
	セイナヨキ市庁舎					
	セイナヨキ市立図書館					
	米国国際教育研究所のカウフマン会議室					
1967	ヘルシンキのアテネウム美術館にてアアルト展開催					
1968	フィンランド・アカデミーの名誉会員となる					
	ロヴァニエミ市立図書館					
	スカンジナビア館（アイスランド、レイキャヴィーク）					
1969	ドイツ文化賞ポール・ル・メリテを受賞する					
	アカデミア書店（ヘルシンキ）					
1970	マウント・エンジェル修道院の付属図書館（アメリカ）					
1971	フィンランディア・ホール（ヘルシンキ）					
		フィンランディア・ホールの椅子				
1972	フランス建築アカデミーよりゴールド・メダルを受ける					
	北ユトランド美術館（デンマーク、オールボー）					
1973	ヘルシンキの建築博物館にて「アルヴァ・アアルト：スケッチ展」開催					
1974	アルヴァ・アアルト美術館（ユヴァスキュラ）					
1975	ヘルシンキ市電力公社ビル					
1976	5月11日、ヘルシンキにて死去					
1978	ヘルシンキの建築博物館が監修したアアルト回顧展がフィンランディア・ホールで開催される。その後、東京と札幌を含む世界30以上の都市を巡回					
	リオラの教会（イタリア）					
1983	ユヴァスキュラの劇場					
1987	ロヴァニエミ市庁舎					

（参考文献：[10] [11]）

参考文献
References

■エッセイ・伝記・作品全般
[01] Alvar Aalto: The Complete Catalogue of Architecture, Design & Art, Göran Schildt, Rizzoli, 1994
[02] The Architectural Drawings of Alvar Aalto 1917-1930: In Eleven Volumes (Garland Architectural Archives), Alvar Aalto, Göran Schildt, Alvar Aallon Arkisto, Suomen Rakennustaiteen Museo, Routledge, 1994
[03] 白い机 若い時―アルヴァ・アアルトの青年時代と芸術思想、ヨーラン・シルツ、田中雅美 (訳)、田中智子 (訳)、鹿島出版会、1989
[04] 白い机 モダン・タイムス―アルヴァ・アアルトと機能主義の出会い、ヨーラン・シルツ、田中雅美 (訳)、田中智子 (訳)、鹿島出版会、1992
[05] 白い机 円熟期―アルヴァ・アアルトの栄光と憂うつ、ヨーラン・シルツ、田中雅美 (訳)、田中智子 (訳)、鹿島出版会、1998
[06] アルヴァー・アールト エッセイとスケッチ (新装版)、ヨーラン・シルツ (編)、吉崎恵子 (訳)、鹿島出版会、2009
[07] アルヴァ・アアルト もうひとつの自然、和田菜穂子 (編)、国書刊行会、2018
[08] アルヴァ・アアルト作品集 (全 3 巻)、カール・フライク (編)、エリッサ・アアルト (編)、武藤章 (訳)、A.D.A. EDITA Tokyo、1979
[09] アルヴァ・アアルト、カール・フライク (編)、武藤章 (訳)、A.D.A. EDITA Tokyo、1975
[10] アルヴァー・アールト vol.1/vol.2、建築文化、1998 年 9 月号 /10 月号、彰国社
[11] Who's Alvar Aalto?、X-Knowledge HOME、2002 年 1 月号、エクスナレッジ
[12] 〈アルヴァ・アアルトの住宅・東京展〉パンフレット、リビングデザインセンター OZONE、2002
[13] アルヴァ・アアルトの言葉と住宅、小泉隆、住宅建築、No.475 (2019 年 6 月号)、建築資料研究社
[14] アルヴァ・アールトの建築 エレメント&ディテール、小泉隆、学芸出版社、2018
[15] アルヴァル・アールト 光と建築、小泉隆、プチグラパブリッシング、2013

■インテリア・家具・プロダクト
[16] ALVAR AALTO DESIGNER, Timo Keinänen, Pekka Korvenmaa, Kaarina Mikonranta, Ásdis Ólafsdóttir, Alvar Aalto Foundation/Alvar Aalto Museum, 2002
[17] Alvar Aalto Furniture, Juhani Pallasmaa (Editor), MIT Press, 1984
[18] Artek and the Aaltos: Creating a Modern World, Nina Stritzler-Levine (Editor), Timo Riekko (Editor), Bard Graduate Center, 2016
[19] The Birth of the Finnish Modern: Aalto, Korhonen and modern Turku, Rauno Lahtinen, Huonekalutehdas Korhonen, 2011
[20] Alvar & Aino Aalto. Design: Collection Bischofberger, Thomas Kellein (Editor), Hatje Cantz, 2005
[21] Alvar Aalto: Objects and Furniture Design by Architects, Patricia De Muga (Editor), Poligrafa Ediciones Sa, 2007
[22] ALVAR AALTO: FURNITURE AND GLASS, The Museum of Modern Art, New York, 1984
[23] Golden Bell and Beehive: Light Fittings Designed by Alvar and Aino Aalto, Katarina Pakoma (Editor), Alvar Aalto Museum, 2002
[24] ALVAR AND AINO AALTO AS GRASS DESIGNERS: Näyttely Iittalan lasimuseosssa, Littala-Nuutajärvi Oy, 1988
[25] Glass from Finland in the Bischofberger Collection, Kaisa Koivisto (Editor), Pekka Korvenmaa (Editor), Skira, 2015
[26] Aino Aalto アイノ・アールト、アルヴァ・アールト財団 (監修)、アルヴァ・アールト博物館 (監修)、ウッラ・キンヌネン (編)、TOTO 出版、2016
[27] アールト家具の誕生―森からの贈りもの、石上申八郎、建築文化、1998 年 10 月号、彰国社
[28] 北欧の照明 デザイン&ライトスケープ、小泉隆、学芸出版社、2019
[29] AINO AALTO Architect and Designer ― Alvar Aalto と歩んだ 25 年 (竹中育英会主催の展覧会のパンフレット)、2016
[30] アイノとアルヴァ 二人のアアルト 建築・デザイン・生活革命―小さな暮らしを考える (竹中育英会主催の展覧会のパンフレット)、2019
[31] アイノとアルヴァ 二人のアアルト 建築・デザイン・生活革命―木材曲げ加工の技術革新と家具デザイン (ギャラリーエークワッド主催の展覧会のパンフレット)、2020
[32] artek リーフレット、2019
[33] artek material bank, 2019-2020

■個別建築作品
[34] PAIMIO SANATORIUM 1929-33 (Alvar Aalto Architect vol.5)、Mia Hipeli (Editor)、Esa Laaksonen (Editor)、Alvar Aalto Foundation/Alvar Aalto Academy, Archival work Alvar Aalto Museum, 2004
[35] VILLA MAIREA NOORMARKKU (Architecture by Alvar Aalto no.5)、Alvar Aalto Foundation, 2002
[36] ELEVATING THE EVERYDAY The Social Insurance Institution Headquaters designed by Alvar Aalto its 50th anniversary, The Social Insurance Institution of Finland, Helsinki, 2007
[37] Maison Louis Carré 1956-63 (Alvar Aalto Architect vol.20)、Esa Laaksonen (Editor)、Alvar Aalto Foundation/Alvar Aalto Academy, Archival work Alvar Aalto Museum, 2009
[38] Aalto and America, Stanford Anderson (Editor)、Gail Fenske (Editor)、David Fixler (Editor) Yale University Press, 2012
[39] Harvard Library Website, https://library.harvard.edu

■その他
[40] Marcel Breuer, Design (Big art series)、Magdalena Droste, Taschen, 1994
[41] MARCEL BREUER: Furniture and Interiors, Christopher Wilk, The Museum of Modern Art, 1981
[42] マルセルブロイヤーの家具: Improvement for good (東京国立近代美術館主催の展覧会の図録)、2017
[43] 建築家の椅子、SD: Space Design、1996 年 6 月号、鹿島出版会
[44] 美しい椅子 1 〜 5、島崎信+生活デザインミュージアム、枻出版社、2003 〜 2005
[45] イラストレーテッド 名作椅子大全、織田憲嗣、新潮社、2007
[46] 1000 チェア、シャーロット・フィール、ピーター・フィール、タッシェン・ジャパン、2001
[47] スカンジナビアデザイン、エリック・ザーレ、藤森健次 (訳)、彰国社、1964
[48] 建築美論の歩み、井上充夫、鹿島出版会、1991

クレジット
credit

■写真および図版
・Alvar Aalto Foundation:p.12-fig.5&6&8〜10, p.44-fig.1&2, p.48-fig.1, p.52-fig.2&3, p.54-fig.2〜6, p.56-fig.2&3, p.59-fig.2&3, p.62-fig.1〜3, p.65-fig.7, p.66-fig.4&5, p.68-fig.1, p.70-fig.1&4&5&7, p.72-fig.3〜6, p.74-fig.1&2, p.76-fig.3&4, p.78-fig.5&6, p.80-fig.1&2, p.81-fig.8, p.84-fig.7, p.87-fig.5, p.88-fig.11, p.90-fig.4, p.96-fig.10&11, p.101-fig.16, p.104-fig.1, p.106-fig.7, p.108-fig.5, p.112-fig.10&11, p.115-fig.7&8, p.118-fig.1, p.119-fig.1, p.120-fig.2&4&6, p.124-fig.1〜5, p.126-fig.3&4, p.128-fig.5&8〜10, p.130-fig.13〜16, p.133-fig.4, p.134-fig.1〜4, p.137-fig.1〜3, p.146-fig.1, p.162-fig.4&5, p.163-fig.2, p.165-fig.3〜5, p.166-fig.6&13, p.168-fig.2, p.169-fig.2&3, p.171-fig.2, p.172-fig.1, p.173-fig.1〜4, p.182-fig.1&2, p.184-fig.1〜6, p.186-fig.7〜9, p.188-fig.1, p.190-fig.3〜8, p.194-fig.1
・Artek:p.12-fig.2〜4&11&13, p.15-fig.18, p.19-fig.2, p.20-fig.3, p.21-fig.7, p.23-fig.4, p.24-fig.10&13, p.39-fig.11, p.50-fig.1&2, p.51-fig.1, p.57-fig.4, p.86-fig.1〜3, p.88-fig.6&8&9, p.99-fig.2&4, p.100-fig.7〜10, p.102-fig.19, p.106-fig.1〜4, p.128-fig.6&7, p.132-fig.2, p.134-fig.6&7, p.136-fig.1&2, p.138-fig.1〜8, p.148-fig.1&2, p.187-fig.10&11, p.190-fig.2, p.194-fig.2&4, p.196-fig.8&13〜15
・Bauhaus Archive Berlin (Copyright:Stephan Consemüller):p.88-fig.7
・Bent Ryberg:p.150-fig.1
・Cassina (撮影:G.Brancato):p.80-fig.6
・Iitalla:p.177-fig.16, p.179-fig.23〜25, p.199-fig.4&5
・Isokon Plus (撮影:Rory Gardiner):p.92-fig.4
・Jari Jetsonen:p.42-fig.1&4
・Nordiska museet, Stockholm:p.71-fig.2
・The Architectural Press:p.92-fig.3
・The Architectural Review (号および発行年):p.92-fig.2 (Vol.80, 1936), p.92-fig.6 (Vol.81, 1937)
・The Museum of Modern Art Library, New York:p.92-fig.1&7
・Wohnbedarf Catalogue (撮影:Hans Finsler):p.92-fig.4
・小川敏枝:p.190-fig.1
・国書刊行会:p.53-fig.4
・ノルジャパン:p.69-fig.2&4, p.82-fig.5
・ハーバード大学図書館:p.43-fig.2&3
・平山達:p.45-fig.3
・ルイスポールセン:p.150-fig.4
・文献 [16]:p.65-fig.4
・文献 [21]:p.80-fig.3
・文献 [46]:p.80-fig.5
・文献 [48]:p.105-fig.5
・Artek 2nd Cycle の所有物 (撮影:小泉隆):p.49-fig.4, p.66-fig.1, p.82-fig.2&4, p.90-fig.2&3, p.95-fig.2&4, p.96-fig.8, fig.101-fig.12〜15, p.108-fig.4, p.111-fig.2, p.114-fig.3&4, p.117-fig.1&2, p.126-fig.1, p.132-fig.1, p.134-fig.5, p.167-fig.9, p.169-fig.1&5, p.171-fig.3&4
・アルヴァ・アアルト美術館の展示物 (撮影:小泉隆):p.71-fig.3, p.111-fig.6, p.113-fig.12, p.118-fig.3, p.160-fig.1〜3, p.163-fig.1, p.165-fig.2, p.167-fig.10&12, p.168-fig.1, p.169-fig.4, p.189-fig.2, p.201-fig.4〜8
・イッタラ社の所有物および展示物 (撮影:小泉隆):p.164-fig.1, p.167-fig.7&8&11, p.170-fig.1, p.176-fig.9〜14, p.177-fig.17, p.198-fig.2&3
・展覧会「アルヴァ・アアルト　もうひとつの自然」の展示物 (撮影:小泉隆):p.64-fig.1, p.72-fig.1, p.80-fig.4, p.81-fig.7, p.95-fig.3, p.96-fig.6, p.106-fig.5&8&9, p.118-fig.4, p.155-fig.4
・小泉隆:その他すべて

■各章の主要な引用・参考文献
・Total Design:[01] [04] [08] [34] [35] [36] [37] [38] [39]
・Exhibition and Promotion:[01] [04] [08] [26]
・Chair:[01] [04] [07] [16] [17] [18] [19] [20] [21] [22] [26] [27] [31] [32]
・Other Wooden Furniture:[01] [04] [07] [16] [17] [18] [19] [20] [21] [22] [26] [27] [31] [32]
・Lamp:[01] [16] [18] [20] [21] [23] [28]
・Glass Object:[01] [04] [16] [22] [24] [25]
・Textile:[01] [16] [26]
・Store and Museum:[01] [08]

■本文注
＊1　文献 [08 (第 3 巻)]、p.220
＊2　1933 年のアルヴァ・アアルトの言葉、文献 [26]、p.147
＊3　ヒューバート・ドゥ・クローニン・ヘイスティングへのインタビュー (1933 年) より、文献 [04]、p.104
＊4　アイノ・アールトへのインタビュー (1939 年) より、文献 [26]、p.127
＊5　インタビュー記事「現代建築と室内装飾」(ウーシ・アウラ誌、1928 年 10 月 21 日) より、文献 [17]、p.55
＊6　「建築を人間的なものにする」(ザ・テクノロジー・レヴュー誌、1940 年 11 月) より、文献 [06]、p.91
＊7　文献 [17]、p.9
＊8　同上
＊9　1940 年のアルヴァ・アアルトの言葉、文献 [12]
＊10　文献 [09]、p.199
＊11　「ムーラッツァロの実験住宅」(アルキテヘティ誌、1953 年) より、文献 [06]、p.172
＊12　「合理主義と人間」(スウェーデン工芸家協会の年次総会における講演、1935 年) より、文献 [06]、p.63
＊13　同上
＊14　文献 [01]、p.270
＊15　「合理主義と人間」(スウェーデン工芸家協会の年次総会における講演、1935 年) より、文献 [04]、p.113

あとがき

　本書は、フィンランドが生んだ近代建築の巨匠アルヴァ・アアルトのインテリアに焦点を当て、彼が生み出した椅子・木製家具・照明・ガラス器・テキスタイルなどの諸作品を網羅してまとめた日本で初めての書籍である。

　本書の主な情報源は、アルヴァ・アアルト財団所有の資料および財団が主となり刊行された書籍、アアルト家所有の資料、アアルト研究の第一人者であるヨーラン・シルツの書籍、そしてアルテック社やイッタラ社の所有資料や情報である。本書では、それらの情報源に基づき、単なるカタログ的な書籍ではなく、製品誕生の背景、デザインの特徴およびその製作過程などをできるだけ記し、研究者やデザイナーなどの専門家の方々にも読みごたえがあり、かつ一般の方にも興味を持っていただけるような書籍づくりを心がけた。なお、製品の細かなヴァリエーションや年代による違いなどのコレクター的な視点は重視していないことも付記しておきたい。

　また、上記の資料に加えて、筆者自身が現地を訪れ撮影した写真や情報を多数掲載している。さらには、研究室で描き起こした図面、アアルトとマルセル・ブロイヤーとの相互関係に関する独自の研究成果も盛り込んだ。

　なお、照明に関しては、前著『北欧の照明　デザイン＆ライトスケープ』（学芸出版社、2019 年）でより詳細に取り上げており、本書では製品化されたものを中心に記すにとどめている。その他の照明器具、照明計画と建築との関係などに興味がある方は、拙著をご覧いただきたい。

　本書が出来上がるまでには、数多くの方々にご協力いただいた。紙面の都合により一部の方々のみになるが、ここで感謝の意を表したい。アルヴァ・アアルト財団のティモ・リエッコ（Timo Riekko）氏には、アーカイブ調査、情報・資料提供等に関して終始協力を得た。アルヴァ・アアルト美術館には所蔵物の撮影・掲載の許可をいただいた。アルテックの林アンニ様、平井尚子様には長期にわたり、またヘルシンキのアルテックストアの日下部麻希様には現地にて、大変お世話になった。アルテック 2nd Cycle では、所有品の撮影・掲載許可もいただいた。さらに、ヴィトラ デザイン ミュージアムには「アルヴァ・アアルトもうひとつの自然」展で撮影した写真の掲載許可をいただき、撮影には青森県立美術館の協力を得た。イッタラ社の製品に関しては、フィスカース社の小林クリスティーナ様、品川佳子様、石黒富美子様に取材、資料提供等でお世話になった。加えて、カイ・フランクの著書も出されているエブリーディレクションズ代表の小西亜希子様からは、フィンランドのガラスデザインについて色々とご教示いただいた。そして、アアルト研究者で多摩美術大学名誉教授の平山達先生には貴重な写真の提供と有益な助言を頂戴した。

　本書が、読者の皆さんにとって、アアルトのインテリアに関する理解を深め、より愛着を持っていただくきっかけとなれば本望である。

2020 年 7 月　小泉隆

小泉 隆　Takashi Koizumi

九州産業大学建築都市工学部住居・インテリア学科教授。博士（工学）。1964年神奈川県横須賀市生まれ。1987年東京理科大学工学部建築学科卒業、1989年同大学院修了。1989年より東京理科大学助手、1998年 T DESIGN STUDIO 共同設立、1999年より九州産業大学工学部建築学科、2017年4月より現職。2006年度ヘルシンキ工科大学（現：アアルト大学）建築学科訪問研究員。2017年10月より日本フィンランドデザイン協会理事。
主な著書に『北欧の照明　デザイン＆ライトスケープ』『アルヴァ・アールトの建築　エレメント＆ディテール』『北欧の建築　エレメント＆ディテール』（以上、学芸出版社）、『北欧のモダンチャーチ＆チャペル　聖なる光と祈りの空間』（バナナブックス）、『フィンランド　光の旅　北欧建築探訪』『アルヴァル・アールト　光と建築』（以上、プチグラパブリッシング）など。

協力
アルヴァ・アアルト財団、アルヴァ・アアルト美術館、アルテック、アルテック 2nd Cycle、ヴィトラ デザイン ミュージアム、青森県立美術館、Fiskars Group

アルヴァ・アアルトのインテリア
建築と調和する家具・プロダクトのデザイン

2020年11月1日　初版第1刷発行

著者 ····················· 小泉隆
発行者 ················· 前田裕資
発行所 ················· 株式会社 学芸出版社
　　　　　　　　　　　京都市下京区木津屋橋通西洞院東入
　　　　　　　　　　　電話 075-343-0811　〒600-8216
　　　　　　　　　　　http://www.gakugei-pub.jp/
　　　　　　　　　　　E-mail　info@gakugei-pub.jp

編集 ····················· 小泉隆、宮本裕美・森國洋行（学芸出版社）
デザイン ·············· 凌俊太郎・木村祐介（SATISONE）
図版作成 ··············· 日髙暢子（元：九州産業大学建築都市工学部
　　　　　　　　　　　住居・インテリア学科助手）
印刷・製本 ·········· シナノパブリッシングプレス